池上彰の政界万華鏡

幸福実現党の生き筋とは

RYUHO OKAWA
大川隆法

本霊言は、2013年7月9日(写真上・下)、幸福の科学総合本部にて、
質問者との対話形式で公開収録された。

まえがき

最近はマスコミ界で活躍されている方の守護霊もお招きして、「政治」「宗教」「マスコミ」の接点は一体どこにあるのかを調べている。

「幸福実現党」としては、「政治」の研究をするのに、「マスコミ」の生態観察は極めて重要だと考えている。また宗教法人「幸福の科学」は、「元祖・マスメディアは宗教である」という考えも持っている。宗教の持つ布教活動、伝道活動、PR活動が、マスコミの行動原理になっているし、勧善懲悪《かんぜんちょうあく》的側面を持っている価値判断も、「宗教」を現代的な社会科学に置き換えようとする「マスコミ」の真理探求の姿勢かもしれない。

さて本書は、今、大活躍中のジャーナリスト池上彰《いけがみあきら》氏の守護霊インタビューである。話題の大物キャスターが、元ＴＢＳのレポーターに逆取材をかけられているのは読んでいて面白いし、まるで推理小説の筋を追っているようなワクワク感があると思う。

二〇一三年　七月十日

幸福《こうふく》の科学《かがく》グループ創始者兼総裁《そうししゃけんそうさい》　大川隆法《おおかわりゅうほう》

池上彰の政界万華鏡　目次

池上彰《いけがみあきら》の政界万華鏡《まんげきょう》
――幸福実現党の生き筋とは――

二〇一三年七月九日　池上彰守護霊《しゅごれい》の霊示《れいじ》
東京都・幸福の科学総合本部にて

「霊言現象《れいげん》」とは、あの世の霊存在の言葉を語り下ろす現象のことをいう。これは高度な悟《さと》りを開いた者に特有のものであり、「霊媒現象《れいばい》」（トランス状態になって意識を失い、霊が一方的にしゃべる現象）とは異なる。外国人霊の霊言の場合には、霊言現象を行う者の言語中枢《ちゅうすう》から、必要な言葉を選び出し、日本語で語ることも可能である。

また、人間の魂《たましい》は原則として六人のグループからなり、あの世に残っている「魂の兄弟」の一人が守護霊《しゅごれい》を務めている。つまり、守護霊は、実は自分自身の魂の一部である。したがって、「守護霊の霊言」とは、いわば本人の潜在《せんざい》意識にアクセスしたものであり、その内容は、その人が潜在意識で考えていること（本心）と考えてよい。

なお、「霊言」は、あくまでも霊人の意見であり、幸福の科学グループとしての見解と矛盾《むじゅん》する内容を含《ふく》む場合がある点、付記しておきたい。

池上彰《いけがみあきら》の政界万華鏡《まんげきょう》

――幸福実現党の生き筋とは――

二〇一三年七月九日　池上彰守護霊《しゅごれい》の霊示《れいじ》

東京都・幸福の科学総合本部にて

池上彰《いけがみあきら》（一九五〇～）

ジャーナリスト、東京工業大学教授。長野県松本市生まれ。慶応義塾《けいおうぎじゅく》大学経済学部卒業後、NHKに放送記者として入局、松江《まつえ》放送局などに勤務したのち、東京放送局報道局に移り、警視庁等を担当した。その後、ニュース番組のキャスターや「週刊こどもニュース」のお父さん役を務めたが、二〇〇五年、NHKを退職し、フリーのジャーナリストとなる。分かりやすいニュース解説で定評があり、著書『伝える力』はベストセラーとなった。

質問者　※質問順

里村英一《さとむらえいいち》（幸福の科学専務理事・広報局担当）

斎藤哲秀《さいとうてっしゅう》（幸福の科学編集系統括担当専務理事）

転法輪蘭《てんぽうりんらん》（幸福の科学宗務《しゅうむ》本部担当副理事長）

［役職は収録時点のもの］

1　池上彰《いけがみあきら》氏の眼に映る世界とは

幸福の科学と幸福実現党は、池上彰《いけがみあきら》氏にどう見えているのか

里村　本日は、「池上彰《いけがみあきら》の政界万華鏡《まんげきょう》――幸福実現党の生き筋とは――」と題しまして、大川隆法総裁より、池上彰さんの守護霊霊言《しゅごれいれいげん》を賜《たまわ》ることとなりました。

大川隆法総裁、よろしくお願いいたします。

大川隆法　すでにテレビ朝日系やTBS系のキャスターの霊（本人の守護霊を含《ふく》む）をお呼びしたので（『バーチャル本音対決――TV朝日・古舘伊知郎《ふるたちいちろう》守護霊 vs. 幸福実現党党首・矢内筆勝《やないひっしょう》――』『田原総一朗《たはらそういちろう》守護霊 vs. 幸福実現党ホープ』『筑紫《ちくし》哲也《てつや》の大回心《だいかいしん》』『ニュースキャスター 膳場貴子《ぜんばたかこ》のスピリチュアル対話』〔いずれも幸

福実現党刊〕参照）、「ＮＨＫ系では誰《だれ》がよいか」と考えていたのですが、現役《げんえき》の人の場合、もうひとつ知られていないというか、パッとしないため、対象者を絞《しぼ》り切れません。

そこで、ＮＨＫ出身で現在はフリーである、池上彰氏の守護霊を呼んでみたいと思います。

池上さんは、ＮＨＫで「週刊こどもニュース」のお父さん役を長く務めましたが、ＮＨＫを退社してフリーになってからは、いろいろなテレビ番組に出ておられます。特別番組のキャスターを担当したり、本を書いたりして、よく活躍《かつやく》されているので、ご存じの方は多いでしょう。現在は、ジャーナリストであるだけではなく、東京工業大学の教授も兼《か》ねておられます。

今回の参院選の投票日は十二日後（七月二十一日）に迫《せま》っていますが、池上さんが選挙特番のメインキャスターを担当なさるのは確実でしょう。

里村　すでに予定が入っているようです。

大川隆法　池上さんは、現在、今回の選挙に関して、さまざまな情報を仕入れ、分《ぶん》析《せき》していることだろうと思います。そのため、各党の裏事情や本音についても、いろいろとご存じなのではないでしょうか。

彼はＮＨＫ系なので、「優等生的な、バランスの取れた、ものの見方」をしていると思いますが、民放の番組に出るようになってからは、候補者などに対して、パシッと鋭《するど》い質問をしている場面をよく見るので、変化が感じられます。仕事のフィールドとしては政治が中心でしょうが、経済や国際問題にも詳《くわ》しく、最近では宗教にまで手を出して、本を書いたりされているので、さまざまな方面に手を広げておられるところだと思います。

それで、今日は、「池上彰の政界万華鏡」という題を仮に付けさせてもらいました。

万華鏡は、内部に小さな切り紙などが数多く入っているだけのものですが、それを覗《のぞ》くと、美しい模様が見えます。しかも、万華鏡を動かすと、なかの模様が変化して見えるのです。

私は、「池上彰氏の眼には、いろいろなものが万華鏡の模様のように見えているのではないか」と想像しています。「池上さんの眼を通すと、いろいろなものが、他の人が見るのとは違《ちが》うように見えているのではないか」と思うのです。

池上さんの眼には、政界やマスコミ、海外、宗教が、本当は、どのように見えているのでしょうか。そして、幸福の科学と幸福実現党は、どう見えているのでしょうか。

こうした、表面意識には表れない部分（潜在意識《せんざいいしき》）について、池上さんの守護霊を呼ぶことによって、その「本心」に迫れたらよいと思います。普段《ふだん》の池上さんとはかなり違った面が出てくるかもしれません。

博学で、難しいことを易しく説明できる池上氏

大川隆法　先ほど述べたように、今回の参院選の投票日まで、あと十二日です。今日の収録内容をすぐ本にして出版しても、投票日までに読む人の数は必ずしも多くないと思うので、今回の選挙への直接的な影響《えいきょう》は軽微《けいび》かもしれません。

そこで、「七月二十一日以降、この本を売る必要はない」というような内容にするのではなく、今後の参考になるものを残したいと考えています。

したがって、今回の参院選のためだけではなく、幸福実現党の今後の活動等を考えるに当たって参考になることを、池上さんの守護霊からお聴《き》きしたいと思います。

幸福実現党に関し、「ジャーナリストから見て、どのように感じられるか」という感想をお伺《うかが》いしたいと思いますし、「ほかの党と比べたとき、戦略や戦術には、どういう問題点や改善点があるか」ということについても、お話しくだされば幸いです。

また、一般《いっぱん》の人の感じ方について、私たちが気づいていないことに気づいておられるかもしれないので、お気づきの点があれば、今後の参考のために、お話しいただければと思います。

池上さんは博学なので、今回は一般的なディベートのようにはならないのではないかと予想しています。何かのテーマについて、解説いただいても構いません。あるいは、向こうから、こちらに質問していただいてもよいでしょうし、こちらの質問に対して、ご自身の考え方を述べていただいてもよいでしょう。

この人の特徴《とくちょう》は、「博学である」ということと、「難しいことを易しく説明できる」ということです。その意味で、学ぶべきことは多いのではないかと思っています。

いろいろなジャーナリストの守護霊の意見を聴きたいのですが、あまり数多くは本として出せないので、今日は、代表的な人物である池上さんの守護霊の意見を聴いていきます。われわれにとって、何らかの参考になればよいでしょうし、外の世界の人たちにとっても、何らかの参考になればありがたいと考えています。

今日の収録の結果、池上さん本人の評判が下がるようなかたちにはしたくありませんけれども、池上さんの守護霊は、隙《すき》のない話をなさるのではないかと思います。今日の質問者、対談相手には、あらゆるケースに対応できるタイプの人を用意したので、池上さんの守護霊は、緊張《きんちょう》せずに話をしてくださるのではないでしょうか。本音が出てくれれば、ありがたいと思います。

保守系で、池上さんよりもっと「右」に寄った考え方のジャーナリストもいるのですが、その人たちの考え方は、だいたい読めるので、守護霊から話を聴いてはいません。まだ地上に生きており、当会と同じような考え方で発言したり本を書いたりしている人の場合、その人の守護霊霊言を出しても、それほど参考にはならないでしょう。

左翼《さよく》の意見は聴きました（『本多勝一《ほんだかついち》の守護霊インタビュー』〔幸福実現党刊〕等参照）。

池上さんは保守系と左翼系の真ん中あたりではないかと思うので、今回は、そのあたりの意見を聴いてみようと思うのです。

ジャーナリスト、池上彰氏の守護霊を招霊《しょうれい》する

大川隆法　事前の説明は以上です。

（質問者に）よろしくお願いします。

今回の質問者には、「突《つ》っ込《こ》み役」ではなく、「ボケ役」が揃《そろ》ったように感じないわけではないので（笑）、向こうのほうが突っ込んでくるかもしれません。

幸福の科学を〝解剖《かいぼう》〟する感じで入ってくるかもしれないので、失言にご注意願いたいと思います。

里村　〝解剖〟されないようにいたします（笑）。

大川隆法　逆に、やられるかもしれません。「私は、こちらのほうを勉強したい」

と言って、サーッと入られてしまったりするかもしれないので、気をつけてくださ
い。

それでは、お呼びいたします。

（合掌《がっしょう》し、瞑目《めいもく》する）

選挙の投票日が近づいてまいりました。屋外では、三十五度の炎暑《えんしょ》のなか、候補者のみなさんが舌戦《ぜっせん》を繰《く》り広げておられます。われらは、申し訳なくも、建物のなかにて〝避暑《ひしょ》〟をさせていただいておりますが、よろしくお願いしたいと思います。ジャーナリストとして、また、大学の教授として、活躍しておられます、池上彰さんの守護霊を、お呼びしたいと思います。

池上彰さんの守護霊よ。

池上彰さんの守護霊よ。

どうか、幸福の科学総合本部に降りたまいて、われらに、政局その他《た》、さまざまな物事について、ご教示を賜りますよう、心の底よりお願い申し上げます。
池上彰さんの守護霊、池上彰さんの守護霊……。

（約十五秒間の沈黙《ちんもく》）

2 霊言《れいげん》収録の現場に興味を示す

「テレビ番組」の制作と比べて準備も設備も少ない霊言《れいげん》の収録

池上彰守護霊　うーん……。

里村　池上彰さんの守護霊様でいらっしゃいますでしょうか。

池上彰守護霊　うーん……。なるほど。「そうだったのか」という感じですね。

里村　（笑）ええ。

池上彰守護霊　ああ、こういう手があるんですか。

里村　ええ。

池上彰守護霊　私に来るとは、ちょっと思ってなかった……。

里村　このようなかたちで、霊言《れいげん》というものが収録され、発表されていることは、当然、ご存じでいらっしゃいますね。

池上彰守護霊　いやあ、それは知ってますよ。まあ、私も、たくさん本を書いたりしていますが、大川隆法さんというのは超人《ちょうじん》ですからねえ。すさまじいですから、ある意味で、その仕事の秘密を取材したいですねえ。こっちもしたい感じです。

里村　なるほど。

池上彰守護霊　私たちは、この世の情報を集めて分析《ぶんせき》して、本を書いたり、テレビ番組をつくったりしていますけど、もう大変な準備ですよ。

今日も、こんなところで話をするようですが、（机上《きじょう》の資料を見て）私のプロフィールが載《の》ってる紙一枚だけで、これでやるんですか、おたくは？

里村　ええ。このプロフィールだけでございます。いつもそうなんです。

池上彰守護霊　たった三十分の番組をつくるのだって大変なんですよ。みんな、だいたいは一週間もかかるんですよ。

里村　そうでございますよね。台本がこんなに厚くなって（笑）……。

池上彰守護霊　ええ。でも、これは、三十分どころか、一時間、二時間、あるいは、百分ぐらいのものをやるのでしょうから、もう、一カ月ぐらいのプロジェクトでやらないと、なかなかできないものです。それを、こんな簡単に呼んで、やってしまっていいんですか？　（手を一回打つ）やっちゃっていいんですか？　いいんですかぁ？

里村　（笑）通常は、「データマンが、もう何週間も前から動いて調べて、構成を考え、司会の方と打ち合わせをし、出演者とも打ち合わせをする」というのが、普通《ふつう》のプロセスなのですが……。

池上彰守護霊　そうそう。やはり、台本にもチェックを入れないといけませんし、相手との下打ち合わせも必要です。

里村　はい。

池上彰守護霊　ところが、ここにはプロンプター（原稿《げんこう》表示装置）もないじゃないですか。

里村　ないんです。

池上彰守護霊　いやあ、ないんですね。

里村　何もないんです。

池上彰守護霊　全国のみなさん、ここにはプロンプターがないですね。

最近は、みんな、聴衆《ちょうしゅう》の目には見えない画面を見て、原稿を読んでいないようなふりをしてしゃべっているんですよね。あれは、すごく頭がよく見えるんですよ。でも、実は、下に置いてある記事が前に映っていて、それを見てやっているだけなんです。

このプロンプターは、アメリカの大統領も使ってるし、ニュースキャスターもよく使ってるんですけども、ここは、本当に何にもないですよ。〝原始時代〟そのものでやっていますね（会場笑）。

里村　ここの〝スタジオ〟では、いつも、そういうカンペもアンチョコもまったくなしのかたちで、大川隆法総裁の霊言の収録が行われています。

池上彰守護霊　それでは番組が成り立たないですね。

里村　一般《いっぱん》ですと、成り立たないです。

池上彰守護霊　ねえ？　危ないですよ。

里村　ええ。

池上彰守護霊　だって、できるかどうか分からないじゃないですか。

里村　はい。まず、だいたいは成り立ちません。

池上彰守護霊　ああ、でも、ギャラがないからいいのか。成り立つんだ。

里村　いえいえ。

池上彰守護霊　あ、ノンギャラだったら、これはいける……。

里村　いや、「大きな名誉《めいよ》」という〝ギャラ〟がついてまいりますので。

池上彰守護霊　タダだったら、別に、何でもないですよねえ。

里村　いえいえ。タダというわけではなく、基本的に、この場に来られた守護霊の方は、いろいろと評価が上がってまいります。

池上彰守護霊　あ、そうなんですか。

里村　はい。

池上彰守護霊　まあ、そうかね。上がるのかねえ。本当かなあ。

里村　ええ。

ＮＨＫ退社後は「生き残りをかけて必死の戦い」

里村　今日は、こちらとしても、今、あらゆるテレビ媒体《ばいたい》、新聞媒体、週刊誌等も含《ふく》めまして、メディアが最もご登場いただきたい池上彰さんの、しかも守護霊様に〝スタジオ〟に来ていただいて……。

池上彰守護霊　「守護霊様」という言葉があるんですねえ（笑）。

里村　池上さんご本人は、ＮＨＫ出身で、解説を中心にされているため、あまり、ご自分の価値観をお入れになりません。ぜひ、そのあたりの、価値観も含めたお話をしていただきたいと……。

池上彰守護霊　そうですねえ。今日、私《わたくし》は、そのへんを解剖《かいぼう》されるんですかねえ。いや、ほかの方が何人か出ているのを見て、「これは危険な番組だなあ」と思ってはいるんですけど。

里村　（苦笑）いえ、決して危険ではございません。

池上彰守護霊　ＮＨＫじゃないところではいいのかもしれないけれど、ＮＨＫであそこまでしゃべったら、みんな、立場は危ないでしょうね。

里村　ただ、池上さんの選挙番組も、今までのほかの選挙特番では訊《き》かなかったような、鋭《するど》い切れ味の質問をされていて大人気です。

池上彰守護霊　いやあ、最近は、もう、鋭いんじゃなくて、生き残りをかけて必死の戦いをしてるんですよ。生存をかけた、サバイバルなんですよ。

里村　いえいえ。

池上彰守護霊　「大会社から離《はな》れて、個人で生きていく」というのは大変なことなんです。

里村　いえいえ。ご謙遜《けんそん》を。

池上彰守護霊　五十五歳《さい》でＮＨＫを辞《や》めましたが、やはり、組織があれば楽ですよ。いろんな人が準備をしてくれるし、お膳立《ぜんだ》てをしてくれるので楽ですけども、個人で戦って、本を出したり、言論を出したり、番組のメインをやったりするのは、もう、すごいことだと思いましたねえ。

里村　いや、でも、そうしたなかで、池上さんは活躍《かつやく》されているので、私《わたくし》も、「本当にすごいなあ」と思って見ている視聴者の一人です。

池上彰守護霊　だから、まあ、私のようにやるか、あるいは、学者へ転向する人もいれば、NHKを辞めてからあと、政界に出るような人もいるのかもしれないですけども……。

なるほど、「第二の人生」って難しいものですねえ。

里村　いえいえ。

ダジャレを飛ばしつつ謙遜《けんそん》する池上氏の守護霊

里村　まあ、大変なことですので、ご謙遜《けんそん》の言葉が出ていらっしゃいますが、今日は、ぜひ、忌憚《きたん》のないところで、いろいろなご意見、あるいは、お考えを賜《たまわ》れれば……。

池上彰守護霊　いえ、忌憚のないというか、北野武さんに訊かれたら、大丈夫《だいじょうぶ》なんじゃないですか（六月二十五日、ビートたけしの守護霊霊言を収録。『ビートたけしが幸福実現党に挑戦状《ちょうせんじょう》』〔幸福実現党刊〕参照）。

里村　（苦笑）いやいや。北野ではありません。忌憚のないところで、お願いいたします。

池上彰守護霊　私は面白《おもしろ》い話なんか、何もできないですよ。

里村　いや。もうすでに、〝スタジオ〟のなかも、かなり盛り上がる雰囲気《ふんいき》が出ていますので（会場笑）。

池上彰守護霊　そんなことないですよ（会場笑）。私は世情に疎《うと》いものですから。

里村　いや、世情に疎いなど、とんでもないことでございます。

池上彰守護霊　いやあ、本当に、ＮＨＫのテレビに入る範囲《はんい》内でしか世情を見てないもので、万華鏡《まんげきょう》どころか、テレビの枠《わく》のなかでしか言えませんし、スタジオなんか、人はちょっとしかいないものでしてね。もう、ああいう、ビートたけしさんみたいな、いわゆる、本当の世情に通じた方とは全然違《ちが》うので。

里村　いやあ。私は池上さんを見ていますと……。

池上彰守護霊　あなたなんかは、もう、ビートさんを超《こ》えてるような方なんでしょう？

里村　いえ（笑）。とんでもないです。

私は、池上さんを見ていると、「カメラを見ながら、カメラの向こうに、まさに万華鏡のような世界をご覧になって、話をされている」と感じます。

池上彰守護霊　いやあ、私は超能力者じゃないもので、みんな、材料を集めてのことでございますので。

里村　いえいえ。

池上彰守護霊　材料がなければできません。私のプロフィールが一枚しかない材料で、何を話すのでしょうか。

里村　池上さんは、水面下でたくさんお持ちですから、そういうことで、今日の〝番組〟の趣旨《しゅし》を進めていきたいと思います。

池上彰守護霊　ああ。

3 「自民党大勝」がはらむ危険性

今回の参院選は事実上の〝国民投票〟

里村　さて、今は、地上時間で言いますと、参議院選挙の投票直前という段階でございますけれども。

池上彰守護霊　そう。今、微妙《びみょう》なところだねえ。

里村　この〝番組〟そのものは、投票直前から、そのあとにかけて〝オンエア〟されてまいりますので、少し総論的になりますが、先般《せんぱん》の東京都議選では、自民党が完全勝利した一方で、維新《いしん》の会は、ある程度予想されたとおり、ふるいませんでした。そのなかで、「意外と共産党が健闘《けんとう》した」と言われています。

池上彰守護霊　うんうんうん。

里村　これからの参院選にも、ほぼ同じような傾向《けいこう》が見て取れるのですけれども、今の日本の政治の動きや政局について、どのようにご覧になっているか、お伺《うかが》いしたいと思います。

池上彰守護霊　今回の参院選はですねえ、事実上の〝国民投票〟だと思いますね。争点がかなりはっきりしてきて、それで、意思を問われると。

要するに、「安倍《あべ》自民党」対「野党連合」ですよね。みんな、だいたい「反対」で並べてきたので、もう、三つか四つの争点についての、ほぼ〝国民投票〟だと思いますね。

一つは、「憲法改正は是《ぜ》か非《ひ》か」の〝国民投票〟だし、もう一つは、「原発再稼働《かどう》は是か非か」の〝国民投票〟だと思うし、まあ、これは反対しにくくなってると思うけども、「アベノミクスについて、是か非か」の〝国民投票〟だし、あと付け加えるとすれば、やっぱり、「消費税増税に関して、是か非か」の〝国民投票〟です。

このへんの〝国民投票〟をやってるのと、ほとんど一緒《いっしょ》だと思いますね。だから、そこまで含《ふく》んでいる。結果次第《しだい》では、そこまで行ってしまう内容ですね。そういう感じがします。

それで、野党のほうが、「反安倍」ということで、だんだん似たような感じのアンチの考え方を出してき始めましたのでね。

里村　はい。

池上彰守護霊　まさしく、〝踏《ふ》み絵〟になってきていますねえ。そういうふうに結果を分析《ぶんせき》しますね。

曖昧《あいまい》な結果が出た場合は、そうならないですが、はっきりとした結果が出た場合は、事実上の〝国民投票〟になってしまう感じですねえ。

「いざ、憲法改正」となったら国民に恐怖心《きょうふしん》が出てきた?

里村　今、投票前ですけれども、最近では、世論《よろん》調査などの精度が、それなりに上がってきていて、かなり、事前の予想と比例した結果が出るんです。

池上彰守護霊　そうなんですよね。

里村　そうしますと、今、「自民大勝」という予測も出ておりますが……。

池上彰守護霊　だから、憲法改正を容認するところまで勝たせるかどうか。ここが

〝国民投票〟の一つの分け目でしょうね。

里村　はい。

池上彰守護霊　ここですよね。今は、まだ十二日間の攻防《こうぼう》戦をやっているところで、野党も意見を言ってるし、あるいは、マスコミも攻撃《こうげき》がかなり熾烈《しれつ》になってきてますよね。

里村　最近のある新聞に、共産党の志位《しい》委員長のインタビューが載《の》っていました。

池上彰守護霊　ああ、うんうん。

里村　志位委員長自ら、「今回の参議院選挙は、要するに、『安倍さんを信任するかどうか』というものなんだ」と言っていました。

私からすると、「どう見ても、安倍さんに勝てるわけがない状況《じょうきょう》の共産党が、そういうことを言ってしまう」ということは、逆に、安倍さんの路線に全部乗せられているのではないかと思うのです。

要するに、国民の判断によっては、共産党自ら〝踏み絵〟を踏んで、ある意味で、「安倍さんに非常に強い信任を与《あた》えた」ということになります。そういう、不利になるのではないかと思えるような発言をされていました。

仮に、「自民党が大勝して、国民が安倍さんに対して大きな信任を与えた」ということになっていくとしたら、今後、どうなるとご覧になっていますか。

池上彰守護霊　だからねえ、例えば、憲法改正は、今年の前半ぐらいの感じから見ると、国民の多数が何となく容認しそうな感じではあったと思うんですけれども、憲法記念日あたりを中心にして、憲法学者も、あるいは、反対運動も、気勢を上げ始めました。

それから、最近になってから、やたらと憲法の本が売れたり、野党とかが、みんな、いろいろと反対したりしています。特に九十六条の「手続き」ですね。憲法改正の発議《はつぎ》を、「三分の二」から「二分の一（過半数）」でできるようにすることに反対する者がだいぶ出てき始めたりして、かなり、戦いが迫《せま》ってきた感じに見えますね。

今まで何十年もずっと教科書で護憲を教えてこられた教育の清算でもあるしね。まあ、このへんは、やっぱり「いざ、改正」ということになってきたら、何か恐怖《きょうふ》心《しん》がだいぶ出てきたような感じがしています。このへんが、ちょっと分かれ道になるのかな。

でも、反対するにしても、「この反対する場合の票は、いったいどこに入るのか」という問題がまた難しいしねえ。賛成した場合には、「本当に、安倍さんの一存で無制限に全部を決めさせるような大権を与えるのかどうか」という問題もありますよね。

だから、賛成・反対だけでは、実は分からない部分が少しあるんですよ。

議席数に比して「公明党の発言力」が大きくなる危険性

里村　こういうことは、普段《ふだん》の池上さんはおっしゃらないんですけれども。

池上彰守護霊　ええ。

里村　例えば、池上さんとしては、今回、仮に自民党が大きな勝ちを収めたとしたら、「いい方向」だと思われますか、それとも「悪い方向」だと思われますか。

池上彰守護霊　うーん……。私個人の意見ということですか。

里村　はい、そうです。

池上彰守護霊　うーん……。これは厳しい質問ですねえ。

里村　いえいえ。

池上彰守護霊　私らみたいに人の話ばかりを取り次いでる人間にとって、自分の意見を言わされるのは、かなり厳しいですけども、まあ、正直申しまして、憲法については、「一部、手を入れる余地はあるかな」という気持ちを私も持ってはおるんです。

ただ、自民党があまりに大勝して慢心《まんしん》したりするようであれば、「ちょっと問題が起きるのではないか」という危惧《きぐ》は私も持っています。

かと言って、自民党の勝ちが少なくて、「公明党に協力してもらったら、ギリギリ変えられる」みたいな状況になった場合、公明党の発言力が議席数に比して、ものすごく大きくなっていきますよね?

里村　はい。

池上彰守護霊　例えば、「憲法九十六条だけの改正」というのは、公明党のほうも「問題なんじゃないか。やはり、『どの条文とセットであるか』という議論が要《い》るんじゃないか」というようなことを言ってますよね。

そうしたら、公明党は、憲法のなかで「環境《かんきょう》権」なんていう、中道《ちゅうどう》左派受けすることを持ち出してきてるじゃないですか。

里村　はい。

池上彰守護霊　だから、自民党のやりたい改正は別のところだろうけれども、「環境権のところを一緒にやってくれるのなら、いいよ」ということで、呑《の》ませてしまうことができるじゃないですか。自分ら独自ではできないことだけどね。

左翼《さよく》勢力の原動力になりかねない「環境権《かんきょう》」

池上彰守護霊　でも、環境権《かんきょう》について、まだ、国民はそんなに大きな議論をしていないですよ、はっきり言ってね。

里村　はい。

池上彰守護霊　（国民は）「何だろうなあ」とボーッとしてると思うんですが、環境権の問題というのは、いろいろ波及《はきゅう》すると思うんですよ。

例えば、今、いちばん問題になっている原発の問題にしても、もし、環境権というのが憲法にあったとしたら、「環境権に基《もと》づく原発廃止《はいし》」というような運動をもっと盛り上げることもできるので、これは、実は左翼《さよく》のほうの原動力になりかねないことでもあるんですよ。

あるいは、都市の開発についても、「マンションが日照権とかの問題で建たない」ということがあるけど、環境権ができれば、さらに都市開発は難しくなる。

だから、六本木《ろっぽんぎ》ヒルズの開発も大変だったし、虎ノ門《とらのもん》あたりも開発しようとしてるけども、大変です。京都もホテルを建てるのが大変だったけども、環境権を言われると、もっともっと難しくなってくるからね。

ある意味では、どさくさで一緒に憲法改正をやられてしまうと、自民党が思っているもの、例えば、「国防軍を設置できた」と思ったら、環境権というものが入ってきて、「あら？」と思ったら、「原発の放射能から身を守る権利」みたいなものを言われて、あっという間に、なし崩《くず》しになることもあるかもしれない。

まだ、このへんの全体の実体が分からないままに、〝国民投票〟が進んできたような感じはしますねえ。

里村　環境権というものが持っている「諸刃の剣《もろはのつるぎ》」の部分は指摘《してき》されていませんね。

池上彰守護霊　あなたね、ほとんどの人が、まだ気づいてないと思いますよ。

里村　いやあ、出ていないですね。議論していないです。

池上彰守護霊　公明党がチョロッと出してるやつに気づいてない。

里村　はい。しかも、「改憲」とは言わずに、「加憲」、加える憲法という言い方で公明党はやっています。

池上彰守護霊　そうそうそう。だから、ずるいところで言ってるけど、その、わずかな人数ですね。「三、四十人とか（の票）を欲《ほ》しいために、呑まなきゃいけない」ということが起きる。

里村　はい。

池上彰守護霊　そうなると、「憲法が、実は、国会の総議員の一割とか、あるいは、何パーセントとかの考えで改正される」ということもありえることになりますねえ。「ほかのところをやりたかったら、それを呑まざるをえない」ということです。自民党が欲していないところの憲法改正も、実は呑まざるをえないこともありえるかもしれない。

里村　なるほど。

池上彰守護霊　こういうところが怖《こわ》いでしょうねえ。

「憲法改正手続きの簡略化」は是《ぜ》か非《ひ》か

池上彰守護霊　あるいは、維新の会がある程度勝ったとしても、維新の会のほうが、「憲法九条を改正したかったら、道州制のところを呑め」というようなことを言い、安倍さんのほうは乗り気でなくても、「それを呑まなきゃいけない」というようなことだって、もしかしたらあるかもしれない。

そういう意味で、少数政党と合わせてやらなきゃいけないときに、「国会の総議員の三分の二以上」と言ってたものが、非常に小さなパーセンテージの意見で、実は憲法改正が発議されてしまう。

それに、国民投票をやるときには、たぶん「一個だけ」なんかできないと思うよ。たくさん出してくる。最高裁の判事（の国民審査《しんさ》）で、「○を付けよ」っていうの？

あ、×か。「×を付けよ」っていうのと一緒みたいに、いっぺんに並べて提示してやられる感じがするので、個人的には、「ちょっと拙速《せっそく》は危険かな」という感じを持ってます。

里村　その観点からすると、要するに、国政選挙で獲得《かくとく》した票数が非常に少ない政党の意見が政局のいろいろなやり取りのなかで……。

池上彰守護霊　そうそう。「駆《か》け引きが憲法改正に使える」ということがあります。

里村　大きく憲法改正に影響《えいきょう》が出ると。

池上彰守護霊　まあ、法律ではよくあることなのかもしれないけど、「憲法改正でも、そういうことが起こりうる」ということになってきますわねえ。

里村　そうなりますと、「憲法九十六条の改正手続きの簡略化」という、安倍さんが出してきた方向というのは、池上さんからすると危険な方向でしょうか。

池上彰守護霊　うーん。いやあ、どちらとも言えます。

つまり、「三分の二」のハードルが高いから、一部を足さなきゃいけないので、それの意見が強くなることもありえるし、「二分の一（過半数）」にすれば、自民党だけでも取れないことはないので、そういう勢力の影響を少なくして自分たちだけの考えでやれる場合もありえる。

まあ、両方の考え方がありえるので、これはもう、人の問題が出てくる。誰《だれ》がそのときの指導者をやってるかによって、その考えにかなり左右されますね。

里村　はい。そこが、今日、私が訊《き》きたいところです。

池上彰守護霊　ええ。

都議選で満願《まんがん》した「自民党の慢心《まんしん》」が心配

里村　先ほど、「自民党が大勝した場合の問題もある」とおっしゃっていました。その問題というのは、どういうところでしょうか。

池上彰守護霊　だって、都議選で満願《まんがん》でしょう?

里村　はい。

池上彰守護霊　五十九人を立てて、五十九人が当選。これでねえ、慢心《まんしん》しない人はいませんよ。普通は、慢心しますよね。

里村　はい。

池上彰守護霊　これで、次の参議院選でも、まったく同じ結果が出たら、もう、自分の考えどおりに全部動くような気にはなりますわねえ。だから、そのへんが、ちょっと心配なところです。

ジャーナリストというのは、あまり、たちのよくない職業でしてね。

里村　いえいえ。

池上彰守護霊　非常に不安定なところに人を置いて、どうにでもなるような怖さを味わわせながら、意見を誘導《ゆうどう》するところがあるので、完勝されてしまうと、もはや付け入る隙《すき》がないんですよ。

そういう意味で、「勝ちすぎは、ちょっと厳しいかなあ」という感じはあります。

今後、安倍《あべ》首相に「鳩山由紀夫《はとやまゆきお》現象」が起きる？

里村　安倍《あべ》さん個人としては、どうでございますか。

池上さんご本人は、大平正芳《おおひらまさよし》さんを、「『あーうー』の部分を取り除けば、非常に論理がつながっていて、歴史上、最も聡明《そうめい》な総理大臣だ」と言って尊敬されていると聞いておりますけれども。

池上彰守護霊　うーん……。

里村　安倍さんをどのように評価されておりますか。ジャーナリストとして、今の安倍さんを見ていて……。

池上彰守護霊　いやあ、それは……。「私の考えとして残る」となると、ちょっと困ることは困るんですけれども……。

里村　大丈夫《だいじょうぶ》です。

池上彰守護霊　まあ、人柄《ひとがら》としては、そこそこ多くの人の支持を集められるようなものを持ってる方だと思うし、ある意味での大局観をお持ちの方なのかなとは、思うんですけども、もう一つ、何か脆弱《ぜいじゃく》な面も一部お持ちなような感じがしてしかたない。

それは、いい家柄の末裔《まつえい》で生まれたところから来たものなのか。あるいは、個人として独立自尊の精神が十分立ってない部分があるのか。他の人の力の影響で偉《えら》くなれた部分が大きすぎたのか。

このへんについては、よく分からないんだけど、ある意味での「鳩山由紀夫《はとやまゆきお》現象」

が起きたら嫌《いや》だなという感じはありますねえ。

里村　少し同じような感じですね？

池上彰守護霊　そうそう。あそこもいいところの家柄でね。育ちも文句《もんく》のつけようのないものだったんですけども、やらせてみたら、意外だったところがありましたですから。

里村　「総理として、苦渋《くじゅう》の決断を迫られる場面になったら、どうなるのか」というところですね。

考えてみれば、今年一月にアルジェリアで起きた、日本人人質《ひとじち》事件のときは、たまたま、東南アジアのほうに行っていらっしゃって、あまり、ご自分が前面に立つことがなかったですよね。

池上彰守護霊　まあ、あれは得したでしょうねえ。日本にいたら、もっと責任を追及されたから。

里村　はい。

池上彰守護霊　あれで、「無理だろう」ということが、みんな分かったからね。海外に行ってたからねえ。

里村　ええ。

池上彰守護霊　うーん、まあ、どうにもできなかったでしょう。日本にいても、どうにもできなかった。その当時、日本にいたら、すぐ、「自衛隊を派遣《はけん》するか、しないか」という議論になったでしょうから、その判断をしなくて済んだのかもしれません。

里村　なるほど。「憲法九条改正」まで行けば、石破《いしば》氏が総理になる可能性も

里村　もう一点、自民党関係でお伺いしたいことがあります。自民党の長い歴史を見ますと、それなりに支持率の高い政権が長期化した場合、そのあとがなかなか続かなくなります。

池上彰守護霊　うーん。

里村「短命政権がポンポンポンポンと続いて、下野《げや》する」という現象が、中曽根《なかそね》さん

のあとに起きて、竹下《たけした》さん、海部《かいふ》さん、宮澤《みやざわ》さんと来て、下野しました。そして、小泉《こいずみ》さんのあとも、安倍さん、福田《ふくだ》さん、麻生《あそう》さんと来て、下野しています。

仮に、安倍さんが引いたあと、自民党に人材がいるのでしょうか。

池上彰守護霊　「もう一回、福田さんが出て、麻生さんが出る」みたいなのでいいんじゃない？（笑）（会場笑）そうなるんですかねえ。

里村　いや、それは、日本にとって非常によくないことだと思います。

池上彰守護霊　まあ、本人はそう思ってるかもしれませんねえ。「安倍さんがやれるのなら、やれる」と思ってる人がいるかもしれないですねえ。

里村　はい。今の自民党を、どのようにご覧になっていらっしゃいますか。

池上彰守護霊　まあ、世代交代が行われれば、人が出てくることもあるのかもしれませんが、この前の総裁選に出た人なんかが、やっぱり、今は中心になることが多いんでしょうけどねえ。

「石破《いしば》さんが（総理に）なれるのか、なれないのか」というようなことですが、それは、「今回、憲法九条改正まで行けるかどうか」と大きくかかわるでしょうね。

つまり、憲法改正をする方向に、そして、国防軍が出来上がる方向に進んでいくなら、石破さんでもあとが継《つ》げる可能性はあるのかもしれないですけども、もし、難航するようであったら、やっぱり、また、人気が取れるタイプの人を立ててこなきゃいけなくなってくる感じが出るかもしれませんねえ。

里村　うーん。

そうなったときにですね、少し個別具体的なテーマになってくるのですが、池上さんは国際情勢についても、いろいろと分かりやすい本を書かれたり、テレビ番組を解説されたりしておりますけれども。

池上彰守護霊　うーん。

里村　中国・北朝鮮《きたちょうせん》の動きに対して……。

池上彰守護霊　何か、私がインタビューされてばっかりじゃない？　何か、おかしい。何か、おかしいな、これ。

里村　いえ、今日は、池上先生の守護霊様にインタビューする機会ですから。

池上彰守護霊　ええ？　あ、そうなの？

里村　はい。

池上彰守護霊　私がインタビューするんじゃないの？　何か、おかしい。

里村　いえいえ。こちらから、インタビューする〝番組〟でございますので。

池上彰守護霊　ふーん。〝番組〟は、これでいいんですか？

里村　はい。そういう、今までにない〝番組〟ですので（会場笑）。

池上彰守護霊　あまりゲストで呼ばれることはないもので……。

里村　いえいえ。

4　マスコミとしての幸福の科学

幸福の科学や幸福実現党の「アンチではない」

斎藤　中国と北朝鮮《きたちょうせん》のテーマに行く前に質問です。

先ほど、「満願《まんがん》で五十九人当選し、これで慢心《まんしん》しないことはないはずだ」「自民党が圧勝したときに、隙《すき》が出たり、慢心したりする」とのお話でしたが、例えば、どのあたりに隙が出たり、どのような判断の間違《まちが》いがあったりするのでしょうか。

池上彰守護霊　まあ、そのー、満願の反対が、幸福実現党でしょう?

斎藤　（苦笑）

池上彰守護霊　だから、これは、連敗記録を伸《の》ばし、忍耐《にんたい》に忍耐を重ねている「忍耐の宗教」として、いぶし銀のような存在になってきてるんですよねえ。まあ、このへんは、極端《きょくたん》な国民の判断にも、多少、問題があるかもしれませんね。

そういうふうに、私は……。まあ、守護霊は嘘《うそ》を申しませんので、正直に申し上げますが、幸福実現党や幸福の科学について、アンチじゃありません。

里村　アンチではないと？

池上彰守護霊　ああ。アンチじゃない。

言葉は選ばなければいけないけれども、まあ、大川隆法さんという〝窓〟を通してしか見えない部分があることはあるので、マスコミ人としては、軽率《けいそつ》な発言をしてはならないんですが、すごく面白《おもしろ》いものを持ってるとは思ってますから。

斎藤　え？　面白い？

里村　それは、どういう意味でしょうか。

池上彰守護霊　だから、いわゆる宗教の定義にはまらない部分を持ってますよね。つまり、政治もやっていますけども、経営者なんかも育てたりしているし、国際情勢についても意見を言ったり、教育問題に取り組んだり、いじめ問題、その他、いろいろ取り組んでるのも知ってます。

幸福の科学は「超常《ちょうじょう》現象がマスコミになったようなもの」？

池上彰守護霊　それから、マスコミとして見た場合も、ある意味での逸品《いっぴん》ですよねえ。何とも言えない存在で、マスコミとして見たときには、これは、何と表現したらいいか分からないほどの、「特殊《とくしゅ》なマスコミ」ですね。

里村　それは、内容においても、もちろん、そうだと思いますが、「発信力」などの部分においても、ですか。

池上彰守護霊　マスコミという面でも見てるんですよ、私の眼鏡《めがね》ではね。だから、宗教という見方もあるし、政治をやってるという見方もあるし、教育のほうもやってるから、いろんな見方はあるんだけども、「幸福の科学はマスコミである。そして、幸福実現党は、そのマスコミの広報部隊である」と考えてもいいかと思うんです。

マスコミとして見た場合の幸福の科学というのは、ある意味で、すごく異質な、まあ、悪い意味じゃないですよ。悪い意味じゃなくて、うーん……。

まあ、一種の「スーパーナチュラル（超《ちょう》自然）」ですよね、存在自体がね。

斎藤　超常的な団体です。

里村　（笑）

池上彰守護霊　もう、「超常現象」がマスコミになったようなものですから。

大川隆法の「驚異《きょうい》の発刊ペース」に絶句する池上氏の守護霊

斎藤　大川隆法総裁は、今、千二百冊もの本を出版なされています。

池上彰守護霊　それは、もう、勘弁《かんべん》してくださいよ。

斎藤　また、昨年（二〇一二年）は、一年間に百一冊の本を出されました。

池上彰守護霊　寝《ね》てる間《あいだ》に、その圧力で、「おまえは怠《なま》け者だ」と言われ続けてるような感じがして大変なんですよ。

私、年は、もう六十になってるんですよ。

だから、「これから、そんなに働けるだろうか」と思って、大変なんですよ。私は、家族を養うので精一杯《せいいっぱい》なんですけど、「大きな団体を率いて、本を出し続けている。こんなことが、できるんだろうか」ってねえ。

まあ、普通《ふつう》は、何か、裏の仕掛《しか》けがあるんです。現実に、そういうところが、幾《いく》つか、ありましたですけどね。最近、いろいろばれてますけど、「どうも、ここは、そうではないらしい」ということが分かってきてるので……。

里村　それは、今日、ここで、じかに経験しておられるわけですから。

池上彰守護霊　本として出たものに、みんな、説法《せっぽう》の裏付けがあるのは分かってるし、たまには脱会者《だっかいしゃ》も出るんでしょうけど、悪口は言っても、「霊言《れいげん》は嘘だ」というのは、今まで出たことがないでしょう？

里村　ないです。

池上彰守護霊　普通、裏切り者は、悪口を言いたい放題に言いますが、それでも、そう言えないのは、ある意味で、すごいですよねえ。

例えば、創価学会《そうかがっかい》の信者であろうと、公明党の党首であろうと、「池田大作《いけだだいさく》さんが、全部、直筆《じきひつ》で本を書いている」と信じてる人は、おそらく、いないだろうと思います（笑）。

みんな、「聖教《せいきょう》新聞が丸がかりで書いてるんだろう」と思っていらっしゃるだろうし、最近では、もうちょっと小さなところですが、ゴーストライターに書かせ、「足の裏診断《しんだん》」なんかをやって、詐欺罪《さぎざい》になったところもあります。小さいと、そういうところが出ますよねえ。

だから、「千二百冊」とか言って脅《おど》さないでください。そりゃあ、本を書いたりする者にとっては、もう一回生まれ直さなきゃいけないような感じで、もう……。

里村　いえいえいえ。

斎藤　大川隆法総裁は、こんなすごいスピードでも「遅《おそ》い」とお考えです。

池上彰守護霊　え？

斎藤　これでも遅いんですね。

池上彰守護霊　いやあ、勘弁してよ（笑）。

斎藤　私は編集担当ですが、最近、数日、徹夜《てつや》状態が続いています。〝暴露《ばくろ》〟していいのか分かりませんけれども（笑）（会場笑）。

池上彰守護霊　ああ、そうですか。

斎藤　（笑）もう、フラフラ状態で、今、〝危険状態〟になっております。冒頭《ぼうとう》で、「失言に注意しなさい」と言われたのですが……。

里村　何を言い出すか分かりませんよ。

池上彰守護霊　私が〝売れない本〟をつくったら、これで終わりになりますから。

これで、もう出ないように……。

斎藤　大川隆法総裁は、「霊性革命《れいせい》」ということで、二〇一二年九月の一月《ひとつき》に二十冊出されましたが、「それでも遅い」と叱《しか》られまして（笑）。

池上彰守護霊　いや、そんな出版社は……。

斎藤　「一・五日に一冊」のペースで出ているのですが、「これでも遅い。止《と》めているのは、弟子《でし》の能力の不足である」ということで……（会場笑）。

池上彰守護霊　それは、あなた、睡眠《すいみん》を取るのをやめるしかないですね。昔、ヨガの修行《しゅぎょう》で、「睡眠を取らない修行」もありましたから。立ったままで、寝ない修行っていうのもあります。

里村　斎藤さん、睡眠を止《と》めてください（笑）。

斎藤　いやいや（笑）。

池上彰守護霊　あと、針のむしろね。

斎藤　はい。

池上彰守護霊　「針を敷《し》いて、その上で寝る」というのをやったら、眠《ねむ》れませんからね。

斎藤　いやあ。

「マスコミが持っていない力」を駆使《くし》して取材する幸福の科学

里村　その大川総裁の霊言の影響力《えいきょうりょく》も、非常に大きくなっておりまして、私が言うと手前味噌《てまえみそ》になるかもしれませんが、実際に、業界の方、マスコミの方、それから、政界の方からも、いろいろと聞いています。

「大川総裁の影響力の広がり」について、どう、お感じになっておられますか。

斎藤　マスコミ業界のなかで、どんな状態で伝わっているのでしょうか。手触《てざわ》り的な感覚では……。

池上彰守護霊　いや、私は、やられると思ってなかったから、これが、どうなるのかが、ちょっと……。

斎藤　ぜひ、教えてください。興味津々《きょうみしんしん》です。

池上彰守護霊　私、特番から降ろされて（笑）、メインキャスターだったのが、次は、「池上さんにも意見を聞いてみました」みたいな感じのところで終わりになる。収入が減って、要するに、家族の生活に、将来的な不安が生まれることもあるので、ちょっと、何とも言えない。

まあ、憲法と一緒《いっしょ》で、無制限に肯定《こうてい》してはいけないのかもしれないんだけど、うーん……。いや、まあ、世にも珍《めずら》しいものが出てきた感じですねえ。

でも、きっと、テレビのドラマや映画でしか観《み》たことがないけども、安倍晴明《あべのせいめい》なんかが、スーパースターでやってたときは、たぶん、こんな感じだったんじゃないですかねえ。

里村　ああ。なるほど。

池上彰守護霊　政界が絡《から》んでいたでしょう？（安倍晴明は）いろんなことを、ズバズバと言い当てたり、政敵を調伏《ちょうぶく》したり、病気を治したり、呪《のろ》いをはね返したり、いろいろやってたと思いますけど、もしかしたら、平安時代には、こんな感じだったのかなあ。

里村　一国の運命も、それから、いろいろな政敵との政争など、そういうものも……。

池上彰守護霊　たぶん、あのころは、天子《てんし》様の、いろんな悩《なや》み事や相談も受けておられただろうと思うし、いろんな術《じゅつ》を使ってたんでしょう。

まあ、それは時代が違うから一緒じゃないけど、マスコミが持ってない力がありますよね。

「取材力」という意味では、これを、みんなが認めた場合、大変なことになりますよねえ。各国の大統領は、もはや、SP《エスピー》が役に立たない。ただ、試《ため》してみたいのは、「スーパーマンみたいに、鉛《なまり》の箱のなかに入れたときに、透視《とうし》できないかどうか」です。これだけは、一回、実験する必要があると思うんですよ。

里村　（笑）

池上彰守護霊　大統領を鉛の箱に入れたら、考えが読めなくなるかどうか、一回、試してみたいけど、もし、これで読まれたら、もはや終わりですね。スーパーマンを超《こ》えてることになる。

「霊的《れいてき》能力による取材」はマスコミ最大のライバル？

斎藤　二十六、七年前、大川総裁が当会を設立されましたが、私が、総裁に初めてお会いしたときだったでしょうか、総裁は、私の部屋のなかを遠隔《えんかく》透視されたようなのです。

里村　（笑）

斎藤　「なぜ、私しか知らないことを知っているのだろう」と……。

池上彰守護霊　それはねえ、私にだって分かりますよ。

斎藤　（笑）

池上彰守護霊　「君は、六畳《じょう》の部屋に住んでいるでしょう」と（会場笑）。そのくらい当てられますよ。

斎藤　いやいや。当時、私は、芸術作品をつくっていたのですが（注。質問者は当時、東京藝大生《げいだいせい》）、誰《だれ》にも見せていませんので、何人《なんぴと》も知らないはずなのに、すべて細かく知っておられました。

そして、その作品について、「あのかたちには、どんな意味があるのか」「あれは、どうなっているのか」と訊《き》かれたのです。

「部屋を掃除《そうじ》しておけばよかった」というのが、唯一《ゆいいつ》の後悔《こうかい》だったのですけれども（笑）。

里村　秘話ですね。

斎藤　ええ。すごいですよね。それは、二十数年前の体験ですが（笑）（会場笑）、その能力を、二十七年間、ずっと持ち続けていらっしゃいます。これが認められたら、やはり……。

池上彰守護霊　スーパーマンも透視するんですよね。一回、実験をしてみたいですねえ。大統領を鉛の箱に入れる前と後《あと》とで、考えを読めるか読めないか（会場笑）、やってみたいですねえ。

里村　ちなみに、鉛は通せます。

池上彰守護霊　通せるの!?

斎藤　鉛の防御《ぼうぎょ》を超えて、透視されたことがございました。

池上彰守護霊　通せるの？

斎藤　はい。「エリア51」で実験済みです（『ネバダ州米軍基地「エリア51」の遠隔透視』〔幸福の科学出版刊〕参照）。

池上彰守護霊　それは、マスコミにとって最大のライバルなの。だから、マスコミとしては最強のライバルなの。

里村　はい。

池上彰守護霊　私たちは、女の子であっても、向こうの広報部門なり、秘書なりに、シャットアウトされたら、取材できないんですよ。「カメラが入らない。マイクが入らない」となったら、もう録《と》れません。池上彰の評判が悪ければ、シャットアウトされて、もう取材はできないんですが、それを突《つ》き抜《ぬ》けてやってくる。

去年の、日銀総裁の守護霊インタビューも、きつかったですねえ（『日銀総裁とのスピリチュアル対話』〔幸福実現党刊〕参照）。

里村　インパクトが大きかったです。

斎藤　すごい企画《きかく》でした。

池上彰守護霊　「あの日銀の奥《おく》まで入った」っていうのは、まあ、みんな、「あれは、どうやったんだ？」と思ってるでしょう。

普通、マスコミは、「日銀総裁の親族か何かに、幸福の科学の知り合いがいて、そのあたりから情報を取ってつくったのかなあ」というような感じのことを考えるものですけど……。

里村　いやあ、そうではないです。

池上彰守護霊　あまりにもストレートなんでねえ。だから……。

斎藤　「ザ・リバティ」の編集長が、「安倍《あべ》さんのブレーンの方々は、『日銀総裁とのスピリチュアル対話』を、すべてデータ化して、メールで回し、回し読みされていた」と言っていました。

宗教をやめて、「マスコミ界の神」になったほうがいい？

池上彰守護霊　いや、だから、マスコミを潰《つぶ》すのはやめてもらわないと……。

里村　いえ、決して、そういうつもりはないんです。

池上彰守護霊　私らは、最後は国会図書館まで調べなきゃいけないんですからね。もう、たまらないんですから。

里村　いえ、決して、「マスコミを潰そう」ということではなくて、まだ報道されない真実を伝えたいと……。

池上彰守護霊　だって、もし、それが本当だったら、インターネットより、すごいはずですよ。

里村　いや、インターネットより、はるかに、速くて、正確です。

斎藤　大川隆法総裁は、インターネットを一切《いっさい》、使われないですね。

池上彰守護霊　（笑）勘弁してくださいよ（両手をテーブルについて顔を伏《ふ》せる）。

斎藤　メールとインターネットを一切、使わないで、霊的《れいてき》に、直覚的に、ものすごく微細《びさい》なレベルまで、ガッチリと、精密にデータ収集をされます（『素顔《すがお》の大川隆法』〔幸福の科学出版刊〕参照）。

池上彰守護霊　メールだったら、発信元を見て、「大川隆法さんから来た」と分かるから、答えていいかどうか判断して、「答えるべきでない」と思えば、いちおう、答えないことだってできますからね。

でも、これは、呼ばれたら断れない。このシステムは、どうなってるんですか。

里村　これは、システムではなくて、「法則」なんです。

池上彰守護霊　断れないんですよ。これ、どうなってるんですか。

里村　もう、「そういう法則である」としか言えない部分なんです。

池上彰守護霊　地球上の、どこからでも引っ張ってこれるんでしょう?

里村　宇宙の果てからでも、引っ張ってこられます。

池上彰守護霊　勘弁してくださいよ。
それだったら、もう、宗教をやめて、「マスコミ界の神」になったほうがいいですよ。

里村　（笑）ええ。

5　幸福実現党の「強み」と「課題」

苦戦中の立候補者たちに対するアドバイス

里村　先ほど、大川総裁がつくられた幸福実現党について、「アンチではない」とおっしゃいました。

池上彰守護霊　ああ。おお、おお、おお。

里村　池上さんが客観的にご覧になって、「幸福実現党の強みや、よいところはどこなのか」、一言、頂けませんでしょうか。

池上彰守護霊　総裁が発信してるオピニオンは優《すぐ》れものだから、実際に、けっこう影響《えいきょう》を与《あた》えてると思いますよ。いろんなところへ浸透《しんとう》してきてるし、広がってきてる。

まあ、弟子《でし》のほうも、それを広める意味で役には立っているんだろうと思いますが、個人になった場合は、まだ「悟《さと》った人間」ではないというか、「スーパーナチュラルな人間」ではないのでね。まあ、国会議員に立候補してる人たちも、それぞれ、みんなクオリティの高い方が多うございますし、歴戦の強者《つわもの》も多うございますから、そういう、この世的な意味においての難しさはあると思うんですよ。

例えば、国会議員に立候補するんじゃなくても、「豆腐屋《とうふや》と、豆腐をつくる競争をやってみろ」と言われたって、そんな簡単にできるもんじゃありませんよね。それと、似たようなものです。

パン屋と競争したって、やはり勝てない。パンを焼くのは、向こうのほうが上手ですよね。喫茶店《きっさ》とコーヒーを淹《い》れる競争をしたって、なかなか、そう簡単に勝てない。できることではあるけど、プロの仕事とは違《ちが》いがある。

そういうふうに、人間としての努力で取り組む場合には、やっぱり、プロになるまでの間は修行《しゅぎょう》期間が要《い》るし、知識や経験を得たり、アドバイス等を入れたりしなければならないところもあるのでね。

まあ、弟子のほうは、まるで、「お猿《さる》さんが木に登るのを見て、『簡単だぁ』と思って、自分もやってみたら登れなかった」というようなことが、現実には起きてるんじゃないですかねえ。

幸福実現党のメッセージは「デルフォイの神託《しんたく》」なのか

里村　今、アドバイスとおっしゃいましたが、幸福実現党について、「こういうところを、こうしたほうがいい」というご意見をお持ちでしたら、ぜひ、お聴《き》かせ願いたいと思います。

池上彰守護霊　うーん。これは、私のような普通《ふつう》の人間が言うべきことではないんじゃないかと思うんですけども、何か国会が潰《つぶ》れそうな感じは受けてるんですよ。

里村　国会が潰れそうな感じ？

斎藤　それは、どういうことですか。

池上彰守護霊　「あなたがたの言っていることが当たってくる」というのは噂《うわさ》になってますから。

斎藤　噂になっている？

池上彰守護霊　マスコミ界でも、だいたい、噂になってます。

斎藤　ああ、マスコミ界ですか。

池上彰守護霊　「言っているとおりになってくる」というのが噂になってるので、もし、本当にそれが、全部当たっていくようになったら、国会は要らないですねえ。どうなるのかを訊《き》いたときに、天気予報のように分かるなら、ほとんど審議《しんぎ》が必要でなくなっていくので、すごいスピードアップになりますよねえ（笑）。

里村　いや、私どもは、決して国会の必要性を認めないわけではありません。やはり、民主主義というものは……。

池上彰守護霊　まあ、いわゆる、デルフォイの神託《しんたく》の世界に戻《もど》っていきますので……。

里村　いえいえ（苦笑）。

池上彰守護霊　そうなったら国会がなくてもいいかもしれないから、そのへんの難しさはあるかもしれません。まあ、国会とは、要するに、何にも分からない人たちが議論するところですから。

里村　しかし、ポリス国家アテネにおいては、デルフォイの神託と民主政とが、きちんと連携《れんけい》して動いていました。私どもも、そういうイメージを持っているのです。

池上彰守護霊　まあ、日本でも宇佐八幡《うさはちまん》にお伺《うかが》いを立てたりすることはあったけど、それは、一大事があったときでしょう？　だいたい、重要事項《じこう》についてはお伺いを立てても、普段の政《まつりごと》は、自分たちでやってますよ。「本当に、この人を天皇にしていいかどうか」というような重大なことであれば、お伺いを立てるんでしょうけどねえ。

ただ、今は何でも答えが返ってくるじゃないですか。そのへんは難しいですよね。

マスコミが幸福実現党を取り上げない本当の理由

里村　そういう評価を頂くのは、ありがたいのですけれども、なかなか、新聞やテレビ等は、幸福実現党を取り上げてくれません。まあ、最近、一部、扱《あつか》いが変わってきたところはあるのですが……。

池上彰守護霊　ライバルだからですよ。ある意味で、同業者だから。

里村　ああ、ライバルとして見ているわけですか。

池上彰守護霊　うーん。同業者だから。同業者の〝広告〟を、そんなに無料で出してあげる必要はないですから。だから、有料広告だけ売りつけてるんですよ。

里村　新聞が、ネット系の便利さ等を、あまり書きたくないのと同じ理由ですね。

池上彰守護霊　そうそう。ある意味で同業者と見ているので、広告代を取れるのなら、収入になるから載《の》せてあげるけれども、広告代なしの記事で宣伝してやるのは、敵に塩を送るようなことですからね。そこまでは吞《の》めないというか、度胸ができてないという感じですかねえ。

「宗教政党をテレビでどう扱《あつか》うか」は大きな課題

里村　質問者の蘭さんからは、そのへんに関して何かありませんか。

転法輪　幸福実現党が、もっとテレビに出るためには、どうしたらいいのでしょうか。

池上彰守護霊　うーん。まあ、本来、テレビ局を買うべきでしょうね。

里村　（笑）

池上彰守護霊　やっぱりねえ、買わなきゃいけないんですよ。ホリエモン（堀江貴《ほりえたか》文《ふみ》）さんや三木谷《みきたに》（浩史《ひろし》）さんなど、ああいう後発のところが買おうとしたぐらいですから、宗教なら堂々と買っちゃえば、本当はいいんです。何か、そのくらいの力がなきゃいけないんだろうけどね。

日本のなかには、「三権分立」以外に、権力を分立する考えが、まだあることはあるんですよね。やっぱり、ほかの権力を持たさないようにしようとするところがあって、「ラジオはいいけど、テレビは駄目《だめ》」とかですね。要するに、「新聞、ラジオ、テレビの三つを押《お》さえたら独裁ができるので、そうはさせないようにする」みたいなところがあるので、影響力の低いところから開《ひら》いていく。まあ、テレビだったら、地方局から開いていくという感じでしょうかねえ。

里村　もちろん、テレビ局を持つことは、さまざまな戦略のなかではありえると思うのですが、今の質問は、現在の枠組《わくぐ》みのなかで、なかなかテレビに出るチャンスがないことについて訊いたものです。

確かに、ニュース等について言えば、だんだん、NHKでも取り上げられるようにはなってきておりますけれども、例えば、民放のキー局のスタジオに呼ばれたりすることは、なかなかできないままです。そういうなかで、テレビに出るにはどうしたらよいか、お答えいただけますでしょうか。

池上彰守護霊　やっぱり、テレビに出たら、政党（幸福実現党）の話だけでは済まないと思うんですよ。どうしても、宗教法人幸福の科学についてまで言及《げんきゅう》せざるをえない。そこを訊かないと終わらないと思うんですよ。

ただ、宗教を扱《あつか》って、それを話の種にすることが、今のところタブーだから、それで、できないんだと思うんです。

公明党の場合は、五十年近くも政党として活動してるから、表の顔と裏の顔は違うのかもしれないけども、表の顔として、ある程度、政党みたいに振《ふ》る舞《ま》うことができるようになったんですよ。

里村　はい。

池上彰守護霊　彼らは、創価学会《そうかがっかい》のほうを見せないようにして、公明党だけでやってるように見せる技術というか、訓練が、もう十分に出来上がっているので、公明党としての分《ぶん》を超《こ》えたことは言わずに止《と》めるんです。

でも、あなたがたの場合は、政党として取材を受けたり、あるいは、話したりしても、必ず、その奥《おく》まで行ってしまうので、そこがタブーなんですよ。どうしても、幸福の科学のほうに入ってしまうし、大川隆法氏のご存在についての言及や質問が始まります。それを大手のテレビ局でやるのがいいかどうかは、大きな意思決定が要るんですよ。

「正義のヒーロー」を認めたがらないマスコミ

里村　その点について素朴《そぼく》な疑問なのですが、なぜ、政党の話から、宗教法人、あるいは、宗教そのもの、もしくは、教祖である大川総裁の話に行ってはいけないのでしょうか。マスコミのタブーとは、いったい何なのですか。

斎藤　ぜひ教えてください。これは、もう「悩《なや》んで、悩んで」の論点なんです。

池上彰守護霊　いや、難しいところなんですけどね。

斎藤　はい。

池上彰守護霊　先ほど、スーパーマンの話をしましたが、スーパーマンは、始まりが古いこともあって、比較《ひかく》的認められてるほうだと思うんです。

ただ、それより新しいものとして、例えば、最近であれば、スパイダーマンがあるじゃないですか。このスパイダーマンも一生懸命《いっしょうけんめい》に人命救助をするわけですよ。ところが、スパイダーマンである本人が、カメラマンとして勤めてる新聞社へ行くと、「スパイダーマンの写真を撮《と》ってこい」と言われる。そして、「悪人だ」と書き立てられる。こういうのを、いつもやってますよね。

マスコミとしては、そんな簡単に「正義のヒーロー」を認めたくはないので、「絶対に裏で、何か悪いことをやっているに違いない」と言って、必ずそれを暴《あば》こうとする。自分が勤めて給料をもらってるところに暴かれようとするシーンが出てくるでしょう?

里村　はい。

池上彰守護霊　まあ、「仕組み」としては、あれによく似てるんですよ。あなたがたは、今、宗教の立場で、あるいは、宗教というか神様から発信されたものを受けて、正義の実現のために政治をやってるのかもしれないけども、マスコミから見れば、〝マスクをかぶっている〟だけでも、十分に怪《あや》しいわけで、「やっぱり何かあるかもしれない」と思う。

まあ、バットマンでもそうでしょうけども、これは本当の正義の味方なのか、あるいは、そうでないのか。これに、いちおう疑問を持つ姿勢はありますね。

それに、ほめ記事だけでは、売れる場合も売れない場合もあるけど、批判記事だと売れる場合があるので、ちょっと、そういう意地悪なのが多いのは事実ですね。

里村　まあ、スーパーマンやスパイダーマンはアメリカのヒーローですけど、結局、日本のマスコミが、特に政教分離《ぶんり》等の間違った解釈《かいしゃく》によって、幸福の科学や幸福実現党の報道をしない理由は、「正しさとは、絶対的なものではなく、価値相対的なものである」と考えているために突《つ》っ込《こ》んでこれないからなのでしょうか。

池上彰守護霊　シンプルじゃなくなったのは、そのとおりなんでしょう。

まあ、戦前なら、「末《すえ》は博士か大臣か。もちろん総理大臣なら、もっといい」っていうことでしょうけど、今は、総理大臣なら、いちばん悪口を言われる立場ですよねえ。だから、戦前の価値観とは、必ずしも一緒《いっしょ》じゃないかもしれないですけども。

うーん、何ですかねえ。よく、「マスコミは左翼《さよく》だ」と、あなたがたに言われるけども、やっぱり、引きずり下ろしをするところがあるからかなあ。引きずり下ろすことによって、庶民《しょみん》の歓心《かんしん》を買うというか、みんながスッキリするというか。「やっぱり、そういうところがあるわよねえ」っていう感じで、「欲があったり、裏心や下心があったりして、やっていて当然だ」みたいなのを引っ剝《ぱ》がすのが週刊誌の仕事だし、基本的には、テレビや新聞だって、そういうところを持ってるわけですよ。だから、総理大臣になるのはうらやましいことだし、みんな、なりたいような権力者なんだけど、そうなったら、「〝代金〟を払《はら》ってもらう」ということで、毎日毎日、批判を受けなきゃいけない。これは、かなりきつい修行ですわね。

まあ、そういう意味で、嫉妬心《しっとしん》の〝銃弾《じゅうだん》〟は、やっぱり飛んでますねえ。

「泥池《どろいけ》のような政界」から幸福実現党を排除《はいじょ》する勢力

里村　日本のマスコミは、習性として、自分たちでカリスマやイコン（聖画像）をつくり上げておいて、それを引きずり下ろすのが非常に好きではないかと思います。

池上彰守護霊　うーん。それは、大平《おおひら》総理がおっしゃってたとおり、政界というのは、本当に嫉妬の海を泳ぎ渡《わた》ってるようなものなんだと思いますよ（『大平正芳《まさよし》の大復活』〔幸福実現党刊〕参照）。権力や名誉《めいよ》が集まってくるところですので、嫉妬だらけですよ。

マスコミだけじゃない。「マスコミから批判される」っていうけど、そのネタ元は、言ってみれば、ライバルたちであることがほとんどですよ。それも他党からじゃなくて、自分の党のなかから、ほとんどのネタが流れるんですよね。

それは、よく知ってるからね。「あいつは、こういうことをしてるぞ」とか、「裏金を、こういう悪いことに使ってるぞ」とか、「あいつは、あそこの料亭《りょうてい》で遊んでるぞ」とか、そういうネタは、意外に身内から流れていくんですよねえ、必ず。

里村　なるほど。そういう苦海《くかい》とも言えるなかで、まだ、存在感がいまいちな幸福実現党が、存在意義をアピールし、ＰＲしていくためには、どうしたらいいのか、アドバイスを頂けませんでしょうか。

池上彰守護霊　ある意味でドブ池ですので、何て言うか、鮎《あゆ》は住めない池ですよ。

里村　はい。

池上彰守護霊　清流なら鮎は住めるけど、ドブ池では住めない。だから、「政治に進出する」っていうことは、「そのドブ池に住む覚悟《かくご》を決めなきゃいけない」っていうことなので……。

宗教にとって、「政教分離」みたいなことを言われるのは、たぶん、お嫌《いや》なんだと思うんですけど、それは、「ドブ池で、いいんですか」「そこで、ほんとに住むんですか」っていう感じですかね。

それは汚《きたな》い世界ですよ。ほんとにねえ、あなたがたには信じられないだろうけども、ほんとに現金が飛び交《か》う、もう、百万円の札束が、ボンボン飛び交う世界なんですよ。

野党を懐柔《かいじゅう》するためにねえ、海外まで連れていくわけです。国会対策費は、だいたい与党《よとう》が使いますし、内閣官房機密費《かんぼう》とかもありますけども、ああいうのは使途《しと》不明でも構わないことになってますよね。だから、野党を、法案に賛成させるために、例えば、わざわざ海外まで連れていって、「女性接待」までする。豪華《ごうか》な食事や、ホテル、遊び、女性など、こんなのまで付けて、「日本の企業《きぎょう》の、新規の海外進出を視察する」と称《しょう》して、お相伴《しょうばん》として連れていってやり、接待している。こんなことも平気でやってるわけです。

だから、宗教団体が、そういう世界にズボッと入れるかどうか。われわれから見れば、そういう意味での危惧《きぐ》がだいぶあるわけですよ。だから、政教分離は嫌かもしれないけど、多少、分離しないと、やっぱり、やれない部分もあるんじゃないかなという気はする。

公明党は、完全に、怪人《かいじん》二十面相みたいに顔が変わってくるところですから、器用ですけども、幸福の科学みたいに、けっこう一本道を突っ走るタイプの宗教だったら、「これは何ですか。汚いではないですか。この泥池《どろいけ》を、どうにかしなきゃいけません。灌漑《かんがい》し、底ざらいして、きれいな真水にしましょう」っていうようなことを、平気で言いそうな感じですよね。

そうすると、泥池が棲《す》みよい他の人たちには、やっぱり、たまらんわけですよ。これでは、ドジョウやナマズは棲めなくなるので、大暴れするわけです。仲間に入れたくないからね。

では、仲間に入れないようにするためには、どうしたらいいか。政党要件を満たさないようにしたほうがいいわけです。それには、どうしたらいいか。そんなものは、テレビ局や新聞社に行って、「(幸福実現党を)あんまり扱わないようにしろ！」と、一言、言えば済むことです。「そうしないと、われわれは協力しないよ。選挙のときなどにサービスしないよ。テレビも、おたく(の局)にだけ出ないよ」と言われたら、もうお手上げになりますよね。

つまり、「幸福の科学なんか、あんなもの、もう早めにあきらめさせろ」ということですよ。

特に、宗教政党は、ほかにもう一つありますからねえ。そういうところなんかは、自民党をつつくのは楽でしょうねえ。「うちは、憲法改正をしたくないけども、『どうしても』って言うんだったら、なんか、ハエみたいにブンブン飛んで、うるさいのがいるけど、あれ、どうにかならないかなあ?」みたいなことを、もし、つぶやけば、自民党のほうが、「分かった。新聞やテレビで、なるべく、それを扱わないようにさせよう。『政党要件を満たしていないから』と称して、外すようにさせよう」

と言う。そうなれば、やっぱり圧力がかかるでしょうねえ。

里村　ええ、それは私も最近、非常に感じています。

池上彰守護霊　それは、かかりますよ。

里村　テレビや新聞のなかに、一部の政治勢力の意向を受けて、止めているところがあることを感じます。

池上彰守護霊　ありますよ。

幸福実現党は、「泥水《どろみず》」を「真水」に変えようとしている?

里村　そのへんについて、蘭さんとしては、どうですか。そういう考え方は許せますでしょうか。どうぞ、ガツンと言ってください。

転法輪　池上さん自身は、「やはり、幸福の科学や幸福実現党は、正しい。幸福実現党の政策も、よいことを言っている」と思われているのではないでしょうか。

池上彰守護霊　いや、その「正しい」という意味が、「真水がいい」という意味で言ってるんですよ。

だけど、アフリカでは、泥水《どろみず》でご飯を炊《た》いてるんです。まあ、そういう感じですよ。「ペットボトルの水でご飯を炊くなんて、そんな、もったいないことはできません。ペットボトルは、一本二百円とかするから、それだったら石油が買えちゃいますよ」っていうような世界ですからねえ。

里村　しかし、私たちのこの事業は、ある意味で、「泥水で炊事《すいじ》をしているアフリカの人たちが、真水で炊事ができるようにしていこう」というようなものなんです。

池上彰守護霊　だから、あなたがたにかかれば、政治家たちは、みんな修行をさせられる。あの日光精舎《にっこうしょうじゃ》（幸福の科学の研修施設《しせつ》の一つ）とかいうところに行かされて、反省させられるんでしょう？　ええ？

里村　ずいぶん具体的な指摘《してき》ですね（笑）（会場笑）。

池上彰守護霊　一週間ぐらい（修行に）行ってからでないと立候補してはいけないんじゃないですか。そうなったら、ほとんどの人たちは、あなたがたの審査に引っ掛《か》かって、「アウト」だと思いますよ。

斎藤　ところで、「泥」とは何でしょうか。

池上彰守護霊　うん？

斎藤　結局、「泥」とは何ですか。いや、「泥」に象徴《しょうちょう》されるものとは、つまり……。

池上彰守護霊　まあ、政治を目指す人には基本的に権力欲が……。

斎藤　権力欲？

池上彰守護霊　いや、動機としてはありますねえ。権力欲や名誉欲。もちろん、人によりけりで、少ない人もいますけども、金銭欲もあるし、その他、支配欲というか、自己拡張欲だろうねえ。「自分の支配下に置けるものを増やしたい」っていう気持ちだね。

まあ、これらは宗教にもあるのかもしれないけれども、宗教には、「信仰《しんこう》を持つかどうか」という踏《ふ》み絵が一つありますからねえ。しかし、政治の世界にはそういうものがあるわけではない。

そういう意味では、大《おっ》きな泥池があるわけですよ。その大《おっ》きな泥池に、今、〝小川〟が注ぎ込んできて、「何で、いつまでたっても泥池が澄《す》まないんだ！」って言ってるような、まあ、そんな感じかな。

それに対して、「そうは言ったって、この泥池を、きれいにするのは大変ですよ。灌漑をして、きれいに底ざらいをし、全部、水を入れ替《か》えなきゃいけない。つまり、ポンプで水を汲《く》み出して、新しい水を入れなきゃいけない。そこまでやると、既存《きそん》の政治家たちは、みんな失業状態になりますよ。そんなことをしないで、宗教のほうに帰ってください」と言う人も、だいぶいるっていうことだよね。

マスコミが認める「幸福実現党の存在意義」

里村　ただ、池上さんは、ご自身が学生運動をされていた当時、「自分が体験している実態と、報道されている内容に、非常にギャップがあり、正しいことが報道されていない」と感じておられ、それで、「正しいことを報道したいので、マスコミを志した」と聞いています。

同じく、私たちも、「本来、政治の世界は、嘘《うそ》を言わない、澄んだものであるべきだ」と考えているので、この活動に身を投じているわけです。

池上彰守護霊　いや、本当にきれいなものだったら、やはり、マスコミも悪口が言えないし、国民も悪口が言えないはずですから。ところが、悪口が言える状態ですよね。

悪口が言える状態であることは、まことに申し訳ないんですが、やっぱりマスコミには、悪口を言って給料を稼《かせ》いでるようなところがあるんですよ。

だけど、宗教へ行くと、「正語《しょうご》を語れ！　真理に基《もと》づいて真実語を語れ！」と、こう来るでしょう？　マスコミ人は、「真実語を語る。悪口を言っちゃいけない」となって、戒律《かいりつ》の〝御札《おふだ》〟をペタッと貼《は》られると、もう、それは何か道教《どうきょう》の御札みたいなもんで、キョンシーみたいに動けなくなる。ピタッと動けなくなるんですね。

うーん、やはり、「言論の自由」のなかには「悪口の自由」が半分はあるんだと思います。まあ、ほんと言えば、半分以上ですけどね（笑）。七割以上あると思います。

でも、宗教では、七割以上悪口ばっかりってことは……。まあ、宗教政党である某《ぼう》政党についてる宗教は、かなり悪口を言えるんでしょうけども、これは、たぶん、仏教の本道《ほんどう》ではないと、私は思いますけどね。お釈迦《しゃか》様は、そういうふうに言ってないはずですから。

だけど、悪口というのは、相手が悪口を言われるような対象であるから言える。

こちらが悪口を言う習慣があるから言ってるだけではなくて、相手も言われるような対象であるから悪口が成り立ってる面もあるわけで、そういう意味では、まことに申し訳ないし、その泥池は、まことに臭《くさ》くて汚いと思うんだけど、マスコミ人もドジョウやナマズの仲間で、そちらのほうが棲みよいかもしれないところがあるわけですよ。

里村　いえいえ。やはり、危険なほど強力な絶対権力者が出てくることは、当然、想定できます。そのときには、たとえ批判になろうとも、マスコミは、権力者の本当の顔をきちんと報道し、民主主義を守るべきです。そういう意味で、大川総裁も、私どもも、マスコミの必要性は認めています。

池上彰守護霊　あのー、だからねえ、今の感じは、こんな感じですよ。
ＮＨＫなんかも、できたら、そういうふうに、「清く、正しく」と行きたいところなんだけども、やっぱり、中国が怖《こわ》かったりする。中国の取材ができなくなって、報道ができなくなると困るから、実際、ものすごくビクビクしながらやってますよ。

まあ、韓国《かんこく》にだって同じ状態ですよね。

それは、あなたがたから言うと、「非常に偏向《へんこう》した報道」ということになるんだろうけど、やっぱり取材ができなくなるのは非常に怖いですよ。報道してる内容を全部チェックされていますからね。「こんなことを報道したから、もう二度とおまえのところには取材を許さない！」と言われたら困るから、どうしたって迎合《げいごう》せざるをえないじゃないですか。

ところが、幸福実現党は、そういうところに、もう全然関係なく、「間違ってる！」と言ってくるわけですよ。そういう意味で、圧力団体にはなっている。

例えば、皇室を守っている右翼の街宣車など、普通の人たちは嫌《きら》いでしょうけども、やっぱり、「右翼が来る」と思って怖がられてるところも、あることはあって、一定の防衛力になってる面もあるかもしれない。それと同じように、おたくが、いきなり怒鳴《どな》り込んできたりすると、マスコミも、「本当は、それが正しい」と思いつつも、負けて言えないでいるところがあった場合、「幸福の科学があんなに怒《おこ》ってるから、われわれも言ってもいいかな」みたいな感じになる。まあ、役所体質と言えば、そのとおりだけども、そういうところも、あることはあるのでね。

今は、そういうところでの存在意義が認められてるのと、オピニオン性というか、言論性についての存在意義も認められてるけど、組織として、「表に出して、正当に共存できるかどうか」のところ、要するに、「〝隣《となり》近所〟としてお付き合いできるかどうか」のところが問題なんですよ。

里村　いや、私などは付き合いがいいので、いくらでも、お付き合いさせていただきたいと思います。

池上彰守護霊　あんた、何でこんなところに……。

里村　いやいや（苦笑）、「何でこんなところに」って……。

池上彰守護霊　昔は、入会基準が緩《ゆる》かったんですか。

里村　いやいやいや（苦笑）。

池上彰守護霊　えっ？

里村　むしろ、厳しいときに入りました。はい（笑）。

池上彰守護霊　そうですかあ。

里村　ええ。

6 「分かりやすく伝える」ための秘訣《ひけつ》

「解説の技術」だけでは食べていけないフリーの厳しさ

里村　今、幸福実現党については、ある意味で、ちょうど、いろいろと瀬踏《せぶ》みされているところだと思いますが、まだ結果が出せていない理由の一つとして、「分かりやすく伝えていない」という、「伝え方」に弱点があることを、何人かの霊人《れいじん》の方からも教えていただきました。

池上彰守護霊　うん、うんうん。

里村　この「分かりやすく伝える」という点では、今、池上さんほど、分かりやすく、しかも面白《おもしろ》く、興味を引くかたちでお話しされている方はいないと思うのです。

池上彰守護霊　うーん。

里村　この点について、もし、秘訣《ひけつ》であるとか、私たちが見落としている視点とかがございましたら、ぜひ、アドバイスをお願いしたいと思います。

池上彰守護霊　まあ、自分のことをそういうふうに言うのは、とても難しいので……。私は、フリーになってからは、もう、生きていくので精一杯《せいいっぱい》でございまして……。

里村　いえいえいえ。

池上彰守護霊　いや、ほんと、勤めてたときは楽でしたよ。子供に分かりやすい解説さえすれば、そのテクニックだけあれば、何とか生きていけたのでね。政治や経済の難しい話を、子供に分かる言葉で解説できる。あるいは、お母さんに分かるような言葉で解説できる。その技術だけで食ってたものが、フリーになったら、いろんなことをやらなきゃいけなくなって、やっぱり、厳しさは度を増しています。

今、仕事を増やしてるけど、本当にもつかどうかは、自分でも、もう明日が分からない。一年後は分からない状態です。

もし、私に、この教団みたいに職員がいっぱいついてたら、みんな飢《う》え死にする危険がありますよ。

だから、私は、そういうことをお教えできるような立場にはないんじゃないかと思うんです。どうやったら、そういう大勢の信者がつくれるか、こちらのほうが……。

斎藤　先ほどから、話がこのポイントに来ると、隠《かく》そうとされるんですよね。

池上彰守護霊　ハハハハ……。

斎藤　その〝秘伝のタレ〟の部分を少し……。

里村　「分かりやすい伝え方」というところになると、先ほどから、スーッとベールをかけられるのですが、ぜひ、そのベールを一枚取っていただいて……。

池上彰守護霊　まあ、ＮＨＫを辞《や》めてねえ、フリーで食べていける人は、そんなにいないですよ。

里村　ええ。

池上彰守護霊　それは、やっぱり難しいですからねえ。だから、不当な扱《あつか》いを受けても、みんな定年まで居続けるわけで、辞めてフリーでやっていける自信を持つには、そうとうの覚悟《かくご》が要《い》りますよね。死ぬ覚悟ですよ。

里村　ええ。覚悟は分かるのですが、一つでも結構ですから、分かりやすく伝えるポイントを教えていただきたいのです。

池上彰守護霊　うーん。

幸福の科学の本を読まなければ、「時代に遅《おく》れる」

斎藤　大川隆法総裁が、二十数年間、ずっとポリシーとして持っておられて、われわれ弟子《でし》にも方向性を示してくださっていることは、「難しい話を、小学校五年生ぐらいにも分かるように、大和《やまと》言葉で簡単に話す」ということです。そういう非常に強い思いを持っておられます。

池上彰守護霊　ああ、それは、こっちが訊《き》きたい。幸福の科学の本の特色として、だいぶ前に書かれてたけど、「かっぱえびせんと一緒《いっしょ》で、食べ出したら止まらなくなる。最初は読むのに抵抗《ていこう》があるけど、いったん手を出して霊言集《れいげんしゅう》を読み始めたら、一冊読んだら二冊目、二冊目を読んだら三冊目と、止まらなくなってくる」と言われてる。その秘密を、こちらが教えてほしいぐらいで、どうやったら、〝かっぱえびせん〟に……。

斎藤　ということは、幸福の科学の本を読まれているのですね。

池上彰守護霊　当ったり前ですよ。これだけ有名な人の本を読まなかったら、あなた、時代に遅《おく》れますよ。

斎藤　かなり読み込《こ》んでいますね。

池上彰守護霊　読まないわけにいかんでしょう。この人の本は、みんな読んでるんですよ。読んでるんだけども、引用文献《ぶんけん》や参考文献には載《の》せられないという非常に特殊《とくしゅ》なケースなんですよ。みんなが読んでいる。みんなが知っている。しかし、みんなが、「それを参考にして書いた」とは言えない。

転法輪　何か、まずいんですか。

池上彰守護霊　ええ？

転法輪　どうして言わないんですか。

池上彰守護霊　それはねえ、言ったらねえ、「幸福の科学の信者だ」と思われるからですよ（笑）。

斎藤　（笑）

転法輪　そんなに嫌《いや》なんですか。

池上彰守護霊　いやあ、それはねえ、やっぱり、マスコミ人は、色の付き方というのをよーく研究しなきゃいけませんのでね。一定の色が付くと、使われる場合と使われない場合に分けられることがあるので、みんな、いちおう表向きはニュートラルに見せなきゃいけないところがあるんです。

まあ、偏向《へんこう》がはっきりしてる会社もあるので、その偏向度の（許容範囲《はんい》の）なかに入っていれば、別に構わないんですけども、ここ（幸福の科学）の場合は、いろいろなものが出てきますからね。

だけど、まあ、ばれる人は、ばれますけどね。

宗教と仕事の立場を分けるのが「欧米型《おうべい》の職業倫理《りんり》」

池上彰守護霊　例えば、日本史では、神々の歴史のところは、戦後、削除《さくじょ》されてるわけですよ。「高天原《たかまがはら》から降りてきた」というところは、神話の研究としては大学にもあるかもしれないけれども、少なくとも、義務教育からは外されてますわね。

そういうものは、科学的研究の対象としては外されてる部分だし、医学および科学の分野から見れば、その霊界《れいかい》なるものも、今のところ、「存在する」と証明されているわけではないから扱わない。要するに、「各個人が、自分の信念に基《もと》づいて信じるのは結構です。公私の『私《し》』の部分、私《わたくし》個人の意見ないしは、家庭のなかで信仰《しんこう》教育をすることは、別に問題ありません。ただ、学校で信仰教育をするとなると、ちょっと大事《おおごと》になります」ということです。

特殊な宗教のためにつくられた学校に、その信者の人たちが行って教わる分には構わないけども、公教育では教えられない。いろんな宗教の人や、宗教を信じない人がいるじゃないですか。だから、「公教育では教えられない」っていうことになってる。

まあ、あなたは不満でしょうけども、欧米《おうべい》でもそうなってて、いちおう、宗教の立場と仕事での立場を分けることは分けるんですよ。宗教の立場というのは、どっちかと言えば土日の立場なんでね。

だから、土日は、ある宗教に所属してて、いろんな活動をしたり、信念に基づいて日曜学校の教師をしたりしたって構わないんですよ。普段《ふだん》の仕事と全然違《ちが》うことをやってても構わないんです。

しかし、月曜日から金曜日までの仕事として、例えば、裁判官をやってるとします。そして、その国の刑法《けいほう》では死刑があって、人を二人殺したら確実に死刑判決が出ることになってたとします。

一方、その人が所属する宗教では、教祖が「死刑反対」を説いて、それが教義になってて、月曜日から、自分も日曜学校で「人を殺すことはいけません」と教えてたとしても、法服を着て裁判官として仕事をするときには、「この人は、人を二人殺した。証拠《しょうこ》も確実で、間違いない。証言者も出た」という場合、その宗教の教義に反しても、いちおう死刑判決を書かなければいけないんですよ。

これが書けないんだったら、裁判官を辞めなきゃいけない。裁判官を辞めて、ほかの職業に就《つ》けば、別に構わないんですけど、裁判官を続けたいのなら、死刑判決を書かなきゃいけないんです。

ここは、内心の葛藤《かっとう》で分裂《ぶんれつ》が起きますよね。まあ、そういうことなんですよ。「職業上の顔と、職業を離《はな》れたプライベートな世界とを、いちおう分ける」というのが大人の世界だし、欧米型の職業倫理《りんり》であるわけなんですよ。

信条と仕事が一致《いっち》しているのが「宗教者」

池上彰守護霊　あなたがたのような宗教で働いてる人たちは、ある意味で、趣味《しゅみ》と職業が一致《いっち》してきているんだと思うんですよ。だから、職業でもあるけども、クラブ活動でもあるでしょ？　はっきり言えば。

里村　クラブ活動や趣味でやっているつもりはございません。

池上彰守護霊　クラブ活動と言ったら、ちょっと申し訳ないけども、まあ、趣味・娯楽《ごらく》の世界にちょっと近い……。

里村　「信条と仕事が一致している」ということですね。

池上彰守護霊　まあ、「碁《ご》が好きで碁打ちになった」とか、「将棋《しょうぎ》好きで将棋指しになった」とかいうのと、ちょっと似たところがありますよね。「職員にまでなる」っていうのはね。

だから、ある程度、一致してると思うんですが、一般《いっぱん》社会では一致してないんですよね。そこのところに問題があるんです。例えば、「私は、もとから宗教の信者です」という人を看板キャスターで置いたとしたら、その人に扱えるマターと扱えないマターが出てくるわけですね。

例えば、殺人事件の報道とかが出たときに、途端《とたん》に困るわけですよ。「この人に、どういうふうに演技させるか」ということでね。

それから、まあ、いろんなことがありましょうけども、「教祖様は、『これは悪いことだ』と言った。だけども、局のほうでは、『やっぱりこうだ』と言った」という場合があります。

例えば、教祖様はアベノミクスを肯定《こうてい》されたとしても、局のほうでアベノミクス否定の判断が上から降りてきているとします。そこでメインキャスターとして給料をもらい続けるのなら、「アベノミクス否定」というのが社長から出てきてる場合、「否定」で話ができなかったら、やっぱり、辞めるしかないんです。辞めるか、よそに移るしか、方法はないんですよね。

里村　私どもとしては、そういうマスコミの大義名分も分かった上で、その部分も改革していきたいと思っています。ただ、その話をすると今日の〝放送時間〟が足りなくなってきますので……。

池上彰守護霊　ああ、そうそう、そうそう。

「百」勉強して、「三」だけ話すことを心掛《こころが》けよ

里村　では、少し質問の仕方を変えさせていただきます。池上さんが、分かりやす

く伝えるために心掛《こころが》けていることは何でしょうか。

池上彰守護霊　それはねえ、あのねえ、勉強したことをねえ、いっぱいいっぱい、しゃべったら駄目《だめ》なんですよ。

斎藤　なるほど。

池上彰守護霊　はっきり言えば。

里村　はい。

池上彰守護霊　あのー、「百」勉強してですねえ、勉強したことが「百」あったとして、「三」以上言っちゃ駄目なんです。

里村　「三」ですか。

斎藤　「百」で「三」。

池上彰守護霊　うん。「三」が限度です。

斎藤　「九十七」は蓄積《ちくせき》ですか。

池上彰守護霊　「九十七」は出さないんです。

斎藤　すごいですねえ。

池上彰守護霊　「百」勉強して「三」が限度です。それ以上、言っちゃいけない。

斎藤　比率が少なすぎませんか。

池上彰守護霊　いや、「そのくらい勉強しなきゃ駄目だ」ということですよ。

斎藤　なるほど。

池上彰守護霊　そのくらい勉強してると、「九十七」は捨ててもいいわけですから……。

斎藤　余裕《よゆう》ができるのですか。

池上彰守護霊　ええ。「九十七」を捨てると、要するに、難しい部分とか、そういう言葉とかが、全部、落としていけるわけですね。

里村　はあ、なるほど。

池上彰守護霊　それで、この「三」だけで戦ってるの。だから、私の解説なんかでも、「百のなかの三」で戦ってるんですよ。あとの「九十七」は、勉強して知ってるんだけど、これは使わない。テレビの番組なんかでしゃべらない。この知識を使わない。だけど、実は、背景は知っている。

例えば、創価学会《そうかがっかい》という宗教団体について、私がかなり勉強してたとしても、公明党の代表とテレビで話をしてるときに、そういう知識は使わない。まあ、せいぜい三パーセントぐらいまでで、ちょっとだけ、ニュアンス的に感じてるところは出ますけども、それ以上は、絶対に使わない。

だから、「山口那津男《やまぐちなつお》さん、その考えは、池田名誉《いけだめいよ》会長と同じですか、否《いな》ですか」みたいなことは、絶対に訊かないわけですね。知っててもね。

里村　はい。

知識ではなく「言論術」で戦うテレビのコメンテーター

里村　私は、この業界を知っている人間ですが、テレビに出てくるコメンテーターなどは、「十」しか勉強していなくても、「百」しゃべりたがるんですよ。

池上彰守護霊　ああ、そういう方は多いと思いますよ。

里村　「百」知っているかのように。

池上彰守護霊　そういう方々は、言論術のほうで戦っている。基本的にね。

斎藤　言論術、テクニックですね。

池上彰守護霊　ええ。人よりも口が立つ。あるいは、切り返しがうまい。あるいは、割り込んで話すのがうまい。声が大きい。それから、パーッと場をつかむのがうまい。そういう、いろいろな技術があって、みんな、それなりにやっています。
まあ、あなたがたが、過去、インタビューした方々には、その系統の方が多かったんじゃないでしょうかね。

里村　はいはい、そうです。

池上彰守護霊　言論術で戦ってたはずですね。私のほうは、言論術でなく、実は、

『百』の内容を『三』だけで話す」ということでやってるわけで、要するに、これが、「大学生の知識を持ちながら、小学生に授業をする」ということに当たるわけなんですよ。

里村　はあ。

斎藤　なるほど。

「広辞苑《こうじえん》を読んでいた父親の姿」が池上彰氏の原風景

里村　そうしますと、ご著書の『学び続ける力』で、池上さんは、「読書の大切さ」や「『生涯《しょうがい》学び続けよう』という気持ちが大事だ」ということをおっしゃっていますが……。

池上彰守護霊　それは、そうですよ。

里村　そういうなかから、結果的に、分かりやすい話し方になると……。

池上彰守護霊　いや、それは、まあ、個人的なものから来てるのかもしれません。私、父から「広辞苑《こうじえん》を買ってこい」って言われた覚えがありますけど、私の父なんかは、広辞苑を枕元《まくらもと》に置いて読んでたんです。ちょっと驚《おどろ》きですけども、あれが原風景で忘れられないんです。広辞苑を読む人って、よっぽどでしょう？　まあ、「三島由紀夫《みしまゆきお》が読んだ」という話はございますけども。

里村　はい。そうですね。

池上彰守護霊　広辞苑を読んで、あの内容を全部使われたら、テレビで全部、あの広辞苑の言葉を使われたら、全然、分かりませんよ。

里村　視聴者《しちょうしゃ》からクレームが来ますものね。

池上彰守護霊　ええ。小説を書くのでも、あれを全部使ったら分からないですよ。

里村　はい。

池上彰守護霊　だけど、「広辞苑を読むぐらいの勉強をしてる人がいる」っていうことにねえ、やっぱり、ちょっと感じるものがあったので、私も、「『百』ぐらい勉強して『三』ぐらい使っていいのかなあ」っていう考えを持ってるんですよ。

あと、それ以外の、生のニュースとか、いろいろ入ってくるものもございますからね。それに色合いを付けるのは、コメンテーターの意見でしょうけども、その色合いを付ける部分が「三」ぐらいです。

また、組織のなかで働く場合、データとして、資料として入ってくるものがございます。ちゃんと準備してくれる方がいらっしゃいますので、これは私だけの知識とは言えませんけども、自分で色付けするのは、その「百」のうちの「三」を使ってます。

小学生から高齢者《こうれいしゃ》までが「大川隆法の説法《せっぽう》の対象」

池上彰守護霊　でも、大川総裁にも、そんなところがあるんじゃないですか。

里村　はい。確かに。

池上彰守護霊　そうだと思います。もし、「十」勉強して、「十」しゃべってたら、とっくに飽《あ》きられてるはずですよ。

こんなねえ、まあ、毎日のように本を書くみたいなねえ、こんなことはねえ……。いや、もうやめてほしいっていうか、私が言っちゃいけないけど、こういうのはいけないですよ。

里村　しかも、先日の御生誕祭《ごせいたんさい》のご説法《せっぽう》（「幸福への決断」。七月六日、横浜市《よこはま》のパシフィコ横浜にて）でも、健全な民主主義を守るための根幹とも言える部分について、非常に分かりやすくお説きくださいました。

これは、ある意味で、難しく言おうとすればいくらでも難しく言える内容ですが、会場には、七十歳《さい》、八十歳、あるいは、それ以上のお年の方もいれば、小学生もいるので、誰《だれ》もが聞けるようなお話をされたのです。

池上彰守護霊　ええ。

里村　やはり、そういう蓄積の力があって、それを全部出そうとしないところに……。

池上彰守護霊　だから、大学の先生が小学校で授業をしたら、どれだけ知識量を少なくして分かりやすくするか、やっぱり努力するでしょう？　まあ、そういうところはありますよね。

大学の先生が大学の学生を教えるときは、二十年ぐらい年の差があるので、教えられるところもあるけれども、大川隆法総裁は、（幸福の科学を）三十歳ぐらいから始められたんだろうから、年齢《ねんれい》はいつも会員の真ん中ぐらいにいらっしゃるんでしょう？　上の年齢が半分、下の年齢が半分で、いつもやっておられるんでしょうからね。

最初から、かなり年上の人も相手にして話をなさってるという意味で、マスコミにもそういうところは当然ございますけどねえ。まあ……、いや、こちらも、ある意味では、教わらないと分からないところがあるので……。

分かりやすさのコツは「右脳と左脳の組み合わせ」？

斎藤　池上さんは、ご著書のなかで、右脳と左脳の話を少しされていて、「右脳のビジュアル的なものと、左脳の言語的なものを組み合わせて、両方使っていくと、分かりやすくなる。これが分かりやすく伝えるコツなのではないか」ということを書かれています。

池上彰守護霊　それは、もう、こちら（幸福の科学）のほうが詳《くわ》しいんじゃないですか。

斎藤　大川隆法総裁は、『素顔《すがお》の大川隆法』（前掲）という本を近著で出されたのですが、そのなかで、「右脳で映像化しながら、左脳で言語を固めていく」ということをおっしゃっています。

池上彰守護霊　うーん……。いやあ、この人は、脳なんか要らないんじゃないんですか、基本的には。

斎藤　いえいえ。とんでもないです。

池上彰守護霊　ああ、要らないよ。これ、要らないものじゃないですか。

斎藤　いえ。

池上彰守護霊　それはねえ、きっと、あなたがたに分かるように言ってるだけですよ。ほんとは脳なんか要らないんですよ。たぶん、霊体《れいたい》しか要らないんです。

「子供の目線でどう見えるか」を考えるのが分かりやすさのコツ

斎藤　池上さんは、「週刊こどもニュース」でも、ビジュアル的にグラフやモニターなどを使って説明したり、模型を使って説明されたりしていましたが、そういう、「眼で見て分かる」ということに、こだわりがあるのでしょうか。

池上彰守護霊　うーん……。

斎藤　何か、視覚的に訴《うった》えるような秘訣がありますか。

池上彰守護霊　いやあ、それは、やっぱり、視聴者の層を想定しますからね。

斎藤　ああ、子供とか？

池上彰守護霊　「その立場で見て分かるかどうか」っていうことだし、やっぱり、「こどもニュース」のときには、「家族」ということで子供たちも参加してたので、事前に、分かるかどうかを確かめてみたりはしていましたから。「この解説、分かるか？」っていうようなことを事前に訊いてたんです。

それで、（スタジオの）子供たちも、年を取ったら、どんどん下の人に替《か》えてやってましたけどね。

だから、「彼らの目線でどう見えるか」っていう面を見てたら、「やっぱり、こうしたほうがいい」と分かる。そういう、「どうしたら、もっと分かりやすいかなあ」という努力をした。

今日は、図表もなければ、何もないので、ほんと、実に困ってしまう。何も……。

里村　どういう展開になるかが分からないので、図表を用意しようがないんですよ。

池上彰守護霊　こ、こ、こ、これ、困るんです。

斎藤　霊言収録の企画《きかく》が、前日の夜とか、当日の朝とかに決まったりしますので、申し訳ありません。

池上彰守護霊　うん、いやあ……。

里村　〝生番組中の生番組〟なんです。

斎藤　突然《とつぜん》、決まるんです。

池上彰守護霊　いやあ、そういうことではねえ、テレビ局は、それを失敗したら、もう、あとは画面が真っ黒になって終わりなんですよ。

里村　（笑）ええ。

7　幸福実現党をテレビで取り上げる条件
当選者が出れば、「喜びの顔」を報道できる

里村　そろそろお時間も迫《せま》ってまいりましたので、その分かりやすく伝える技術も……。

池上彰守護霊　あんたにそこまでしゃべられると、あの方（転法輪）が話せなくなるじゃないですか。

里村　あっ、蘭さん、今、何か言おうとされましたか。

池上彰守護霊　なんか、申し訳ないじゃないですか。

転法輪　すみません。

里村　はい。どうぞ。

転法輪　池上さんは、今後、テレビ等で、幸福実現党について、ほかの党と同じように、ＰＲというか、公平にお話をしてくださるのでしょうか。

池上彰守護霊　まあ、直近で言えば、当選者が出なければ、出せないですねえ。

ごく最近の番組で予想される事態としては、当選者が出れば、喜びの顔をお伝えできると思いますが、出ない場合、みんながシューンとなってるところは伝えようがございませんので、ちょっと、それはできないですよね。

里村　こちらとしては、当選者が出るように……。

池上彰守護霊　いや、「ずーっと連敗が続いてます」「現場は、もう、これほど沈《しず》んでます」みたいな報道をしたら、殺されちゃいますから、それはできません。

里村　（苦笑）それは報道していただかなくて結構です。

マスコミが「宗教ネタ」を怖《こわ》がる理由

転法輪　そういう感じではなくて、「宗教政党には、公明党だけではなく、幸福実現党もある」というような報道をしていただきたいのです。

池上彰守護霊　まあ、さっきも言いましたけど、「宗教政党」ということで説明や解説に入ると、創価学会《そうかがっかい》の解説をしなきゃいけなくなって、創価学会の解説を始めると、私も命がいくつあっても足りなくなる。そういう団体ですので。

ここ（幸福の科学）は、そこまでは行かないと思いますけども、やっぱり、宗教にはタブーがいっぱいあるのでね。触《ふ》れてはいけないものがあって、それぞれの宗教には、「どこに触れられると、突如《とつじょ》、怒《おこ》り始めるか分からない」部分がたくさんあるので、マスコミが、みんな宗教ネタを怖《こわ》がってるのは、実は、タブーが分からないからなんですよ。「うちは、これを言われたら、虎《とら》の尾《お》を踏《ふ》むことになりますよ」という部分が、一般《いっぱん》には分からないんですよね。

里村　いや、でも、当会は寛容《かんよう》ですから。

池上彰守護霊　まあ、必ずしも、そうは言えない。ここは訴訟《そしょう》がお好きですからね。

里村　（苦笑）いえいえ。

池上彰守護霊　法学部出身の方もだいぶおられて、訴訟が好きで、なんか、「腕《うで》が鈍《にぶ》るといけない」っていうので、だいぶ訴訟をやっておられると……。

里村　あくまでも悪質な事例についてだけでございますので。

池上彰守護霊　あ、そうですか。

斎藤　嘘《うそ》や捏造《ねつぞう》記事等については、やはり正義という観点で妥協《だきょう》できませんから。

「幸福実現党の悪口を言って大丈夫《だいじょうぶ》か」を見ているマスコミ

里村　私どもも、「当選者が出るように、そして、池上さんに番組できちんと取り上げてもらえるように頑張《がんば》ろう」と思っていますが、今後の幸福実現党の生き筋について、アドバイスを頂ければと思います。

池上彰守護霊　今、宗教学者が、幸福の科学について書けないでいるんですよね。宗教学者が書いてるものはたくさんあるけど、だいたい、みんな、幸福の科学だけ外してあるんですよ。

やっぱりねえ、これ（幸福の科学）、タブーがあるから。もう、日本のタブーなんです、これ。

もう、日本最大のタブーになってるらしいので、どう触れたらいいかが、宗教学者でも怖い……。

里村　最近、ある宗教学者（守護霊）も、「幸福の科学について自分が理解していたのは、一面だけだったことがよく分かった」ということをおっしゃっていました（『守護霊インタビュー　皇太子殿下《でんか》に次期天皇の自覚を問う』〔幸福の科学出版刊〕第2章　山折哲雄《やまおりてつお》氏の守護霊霊言《れいげん》を参照）。

ただ、そうであっても、今後の幸福実現党の生き筋について……。

池上彰守護霊　いや、だから、宗教性の部分を言ったら、ちょっと分からないけども、その代表をしてる大川隆法総裁については、私が全力で走っても、とても追いつけないぐらい頑張っておられる感じはすごく持っているので、その意味では、何ていうか、言論界で生きていく上で、非常に意識している存在ではあると思います。

今、政治としての意見が出ておりますけども、「現実に、幸福実現党が政治に加わったときにどうなるか」っていうところは、まだやってないので分からないんですよね。

ほかの政党にはたくさん悪口を言えるんですけど、ここは言っても大丈夫《だいじょうぶ》かどうかが分からなくて、みんなちょっと怖いんです。「できたら、話題にしなくて済むようにしていただければありがたいな」というのが、この四年間だったのかなと思うんですよ。

だから、「幸福実現党という宗教政党は、どのくらいまで言っても耐《た》えられるのか」というところをですね、経験則的に、「ここまで球を投げても大丈夫だった。これはどうかな。ここはどうかな」というふうに探《さぐ》ってる感じですかねえ。

里村　ただ、期待してくださっている部分はあるわけですね。

池上彰守護霊　だから、さっき言ったじゃないですか。「マスコミ界のスーパーナチュラルだ」って。

8　宗教に生きた「過去世《かこぜ》」

強い「宗教心」を持っている池上彰氏

斎藤　〝スーパーナチュラル〟を理解するには、やはり、どうしても宗教に踏《ふ》み込《こ》まなければいけないと思います。そこで、守護霊様の宗教的考え方を、ぜひ！　聴《き》きたいのですが、いかがでしょうか。これを聴かないと、私は、もう帰れないのです。

池上彰守護霊　帰れない？　「朝まで生《なま》テレビ！」って？　ハハハ。

斎藤　お父さんはクリスチャンと伺《うかが》っております。先ほど、お聴きしたように、池上さんは、お父さんに『広辞苑《こうじえん》』の第四版を買いに行かされ、お父さんは、それを亡《な》くなるまで読んでおられたそうですね。

池上彰守護霊　詳《くわ》しいですねえ。そうです。四版でした。

斎藤　池上さんは、著書のなかで、「『広辞苑』は、いま第六版が出ていますが、私には第四版が宝物です」と書いておられるではないですか。

池上彰守護霊　その四版なんです、買いに行ったのは。

斎藤　また、別の本には、「私は、海外渡航《とこう》するとき、その国の入国書類には、『仏教徒』と書いている」というようにも書かれています。

つまり、宗教心があることをＰＲされているわけですから、どのような宗教心なのか、今、明らかにしてもらわなければなりません（笑）（会場笑）。

池上彰守護霊　（苦笑）何？　まあ、「日本教徒」です。

斎藤　いやいや。それは、山本七平《やまもとしちへい》さんですから。

最近、『池上彰と考える、仏教って何ですか？』など、宗教的な本をいろいろと出されているではありませんか。

池上彰守護霊　そうなの。「ちょっと、まずいところまで手を出してるなあ」と、自分でも……。

斎藤　テレビでも、最近、エジプトに行って、ピラミッドやイスラム教について取材されているではありませんか。やはり、何らかの宗教心を持っておられるはずですよ。

池上彰守護霊　宗教について、ちょっと語り始めているので、「危険なところまで入ってるなあ」とは、自分でも思ってます。

斎藤　だって、ご自身も、著書に、「いま私が興味を持っているのは、人間の心理についてです」「私たちが知りたい、学びたいと思っている森羅万象《しんらばんしょう》は、結局のところ、『人間とは何か』という究極の疑問に結びつく気もします」と書かれていますよ。

池上彰守護霊　これはねえ、でも、立場が逆になっちゃうんですよ。つまり、こちらは、宗教について書いたものを大川隆法総裁に読んでもらい、「どう思いますか」とお訊《き》きして、コメントを頂かなきゃいけないほうに当たるのでね。

私らは、素人《しろうと》ですから、まあ、はっきり言えば、素人が知識を集めて書いてるだけでございます。宗教学者が研究するような研究じゃないけども、「ジャーナリストとして資料を集めて、分かりやすく書けば、こんな感じになるかな」というレベルでございますので、そりゃあ、本物の宗教家とは違《ちが》いますよ。

過去世《かこぜ》を明かすと「テレビ朝日」に出られなくなる？

里村　端的《たんてき》に言って、守護霊様は、どなたでいらっしゃるのですか。

斎藤　それですよ。究極の質問です。どうぞ！　三、二、一、はい！（会場笑）

池上彰守護霊　それが困るんですよねえ。

斎藤　もう時間がありません！

池上彰守護霊　う〜ん……。そうですね、なんか、サービスしなきゃいけないんでしょうねえ。でも……。

里村　いやいや。「サービス」ではなく、「真実」でお願いできればと思います。

池上彰守護霊　まあ、言い方によっては、出れる局と、出れない局が出てくる可能性があるから、ちょっと、困るでしょう？　支障が出るといけませんので。

里村　出れる局と出れない局が……。

池上彰守護霊　出てきたら、まずいですから。だから、あんまり……。

斎藤　宗教的な関係をお持ちですよね？

池上彰守護霊　それを見せなければ、どこにでも出れますけど、出せば、出れなくなる局が出る場合もありますね。

里村　つまり、「ＮＨＫに出れなくなる」ということですか。

池上彰守護霊　うーん……。まあ、ＮＨＫじゃなくて、出せば、テレビ朝日に出れなくなるかもしれないから……。

里村　名前を出せば、テレビ朝日に出られなくなるわけですね？

池上彰守護霊　それ、まずいですね。もう、まずくなって……。

「池上本門寺《いけがみほんもんじ》」と関係がある日蓮《にちれん》の外護者《げごしゃ》の一人

里村　いやいや。ぜひ、言っていただけないでしょうか。もし、ここで〝番組〟が終わったら、〝視聴者《しちょうしゃ》〟から、すごいクレームが出ますよ（会場笑）。

斎藤　私なんか、クレーム処理だけで一日が終わってしまいますよ。これは、大変な問題になります。

里村　私は、〝腹切《はらき》り〟ですよ。そこまで踏み込まれたなら、ぜひ、お教えください。

池上彰守護霊　うーん……。私の名前を見てくださいよ。

斎藤　え？　池上《いけがみ》……。

池上彰守護霊　（東京の）池上に、本門寺《ほんもんじ》なんてありましたねえ。関係があるかもしれませんね。

斎藤　やはり、日蓮《にちれん》宗ですか。おお！

池上彰守護霊　そうですね。ただ、「〝あそこ〟とは違う」ということですよ。まあ、日蓮そのものと関係があります。

斎藤　六老僧《ろくろうそう》の一人でしょうか。

池上彰守護霊　もう、これは苦しい。ここまでくると苦しい。

斎藤　日朗《にちろう》、日頂《にっちょう》、日興《にっこう》、日昭《にっしょう》、日持《にちじ》、日向《にこう》……。

池上彰守護霊　だから、池上本門寺に行って取材したら、誰《だれ》かは分かりますよ。あそこで亡くなられたんでしょう？

斎藤　そうです。あの地で、日蓮聖人《しょうにん》は帰天《きてん》されています。日蓮についていた方でしょうか。

池上彰守護霊　ええ、まあ、そのー、「日蓮の最期《さいご》に関係がある人だ」ということです。はい。

里村　（会場に向かって）日蓮の最期に詳しい方はいらっしゃいませんか。

斎藤　日朗？　ん？　日朗じゃないな。日持？

里村　ひょっとして、日蓮様ご本人では？

池上彰守護霊　いや、本人……（苦笑）。それはねえ、私のほうが性格はいいでしょう？　いや、そういう言い方をしちゃいけない。

斎藤　そうすると、愛弟子《まなでし》ではないですか。六老僧の一人？

池上彰守護霊　いや、そういう者でもないんですけども……。

斎藤　日昭？　いや、違う。日持？　日頂？

池上彰守護霊　いえいえ。あのねえ、まあ、知ってる人は、知ってますよ。あのー、必ずしも、坊《ぼう》さんとは限りませんよ。

斎藤　女性かもしれない？

池上彰守護霊　必ずしも、坊さんとは限りません。

斎藤　あれだ！　外護者《げごしゃ》ですか。

池上彰守護霊　うーん……。だから、まあ、少なくとも、あなたがただって、今、力を入れてるでしょう？　そういう人たちをつくるためにねえ。

里村　外護者ですね。

池上彰守護霊　まあ、そういう者の一人でしょうねえ。

里村　確か、池上のあたりに、地元の有力者で……。

池上彰守護霊　そうですねえ。行ったら、名前が書いてありますよ。

斎藤　石碑《せきひ》もガッチリと建っているわけですね。

池上彰守護霊　ええ。たぶん、名前が書いてありますよ（注。日蓮が入滅《にゅうめつ》時に滞在《たいざい》した池上邸《てい》の当主、「池上宗仲《むねなか》」と思われる。日蓮の滅後に、その邸宅および周辺の土地を寄進《きしん》し、池上本門寺の基礎《きそ》を築いた）。

斎藤　本になって出るときは、解説を付けて、フォローさせていただきたいと思います。間に合わなくて……。

里村　すみません（会場笑）。

斎藤　調査の結果……。

里村　「誰でした」と、入れさせていただいてよろしいですね。

池上彰守護霊　うん、まあ……。だから、さっき、池のたとえをずいぶんしてたでしょう?

斎藤　なるほど。それで「池上」なんですか。

池上彰守護霊　ええ。うーん。いやあ、つらいなあ。もう、ここまで言やあ。しゃべらされてしまった。もう、終わりだ。公明党にインタビューできなくなるなあ。

斎藤　全然、大丈夫《だいじょうぶ》です。

里村　これもまた、〝生放送〟の醍醐味《だいごみ》でございます。

斎藤　でも、すごいですねえ。日蓮聖人の死を見守られたわけですね。

善川三朗名誉顧問《よしかわさぶろうめいよこもん》は、「あの世での友達の一人」

池上彰守護霊　ただ、〝あちらの筋〟はですねえ。いちおう、まあ、〝あの筋〟とは、違う筋でございます。六老僧でも分かれていて、〝あちら〟のほうは、ちょっと違います。

まあ、いちおう、はっきり言えば、幸福の科学のほうが近いですよ。うんうん。

斎藤　宗教的な波動というのがありますからね。

池上彰守護霊　はっきり言って、幸福の科学のほうが近いし、はっきり言って、大川隆法さんのお父さんとは近いですよ。

ここまで言うと、まずいじゃないですか。

斎藤　大川総裁のご尊父《そんぷ》である善川三朗《よしかわさぶろう》名誉顧問《めいよこもん》の過去世《かこぜ》は、六老僧の日朗様ですから。

池上彰守護霊　ええ。もう、まずいですよ。まずいですけど、近い……。

斎藤　当会の今の理事長とも縁《えん》がありますか。あっ、これは言ってはいけないんだ（笑）（会場笑）。

池上彰守護霊　いやあ、まずい世界に入りましたけど、坊さんではない。坊さんではないけれども、有力な外護者というか、まあ、「最期まで責任を持っていた」ということですね。

ここまで言うと、たぶん、調べがついてくるとは思うんですが、要するに、私は、「池上の意味をあきらかにする」という名前なんですよ。

斎藤　ものすごく分かりやすい解説で、ありがとうございます（笑）。

里村　そろそろ、お時間が来たのですが、ここで、幸福実現党や、その支持者のみなさんへ、何か、メッセージ等を……。

池上彰守護霊　もう駄目《だめ》だ。私は、もう……。

里村　とんでもないです。絶対、大丈夫です。

斎藤　全力で応援《おうえん》しますから。

池上彰守護霊　いやあ、いちおう、定年の六十五歳《さい》を目標にして、あと三年で蓄《たくわ》えをつくって……。

里村　内容的には、クオリティの高みが非常におありですので、絶対、大丈夫でございます。

池上彰守護霊　いやあ、私は……、だから、あのー、守護霊をしている私《わたくし》は、あの世と言やあ、あの世の存在ですから、どこでも自由に行けるわけですけど……。

まあ、大川隆法総裁のお父さんは、今、あの世に還《かえ》っておられますよね？

里村　はい。

池上彰守護霊　はっきり言って、お友達です。

斎藤　お友達ですか。

池上彰守護霊　ええ。お友達なので、そういう意味で、今、ちょっと、まずいなあ。色が付いてしまったあ（胸に手を当てて、困る表情をする）。とうとう、色が付いちゃった。

斎藤　いい色が付いたのではないでしょうか（会場笑）。

池上彰守護霊　色が付いたあ。

斎藤　黄金《おうごん》色の……。

池上彰守護霊　とうとう色が付いちゃった。色付《づ》きになったら、もう、降板かも。

里村　いやいや。とんでもないです。今後、ますますのご活躍《かつやく》を期待しております。

キリスト教系の「過去世《かこぜ》」も探《さぐ》ってみる

斎藤　今、〝ギャラリー〟から、「キリスト教もあるかもしれない」という声がかかりました。会場から、ものすごい質問の〝槍《やり》〟がパーンと来ました（会場笑）。

池上彰守護霊　ああ、霊感《れいかん》が鋭《するど》いなあ（胸に手を当てて、困る表情をする）。

斎藤　ここは神秘の空間ですから、もう隠《かく》せません。

池上彰守護霊　（キリスト教の過去世《かこぜ》が）あるの、決まってるじゃないですか！

里村　池上さんは、大平正芳《おおひらまさよし》さんを尊敬していて、その大平さんは、マタイの生まれ変わりだから……。

斎藤　そうだ。マタイなんだから、あっ、来ました！（池上守護霊が胸に手を当てて、うなだれる）

池上彰守護霊　（起き上がって）あるの、決まってるじゃないですか。

里村　善川名誉顧問の過去世はマルコですから、つながりがあるんですね？

斎藤　そのときは、宗教者ですか。

池上彰守護霊　うーん、まあ……（舌打ち）。参ったなあ（両手を組み、頭をテーブルに落とし、体を沈《しず》める）。いやあ、変な所へ来てしまった。もう、〝裁判所〟は嫌《きら》いになったよ。私は、実は、裁判所が嫌いなんですよ。

参ったな。参ったあ（両手を上げて、頭に手を当てるしぐさをする）。

斎藤　池上さんは、キリスト教にも、ものすごく詳しいんですよ。

池上彰守護霊　いやあ、私をこんなに調べるのは、ひどいですねえ。あなた、「百」のうち「三」しか調べちゃいけないんですよ！（会場笑）

参った。参った。参った。うん、困ったなあ。どうしよう。どうしよう。どうしよう。どうしよう。答え方が難しい。

斎藤　大平さんでも、しゃべられたんですから。

池上彰守護霊　いやあ、あのー、「金星のカエル」と称《しょう》する人がいるわけなの？

里村　いやいや（笑）。

池上彰守護霊　そういう言い方でいいんでしたら、あのねえ、「イエスが、目の見えない人を〝ゲッセマネ〟の池に連れていって、それで、土をこねて、その泥《どろ》を目の周りに塗《ぬ》り、池の水で洗ったら、目が見えるようになりました」という話がありましょう？　ねえ？　あれも池ですねえ。池が出てきますけどね。

里村　うーん。

池上彰守護霊　まあ、ええ、何の話をしようとしてたのかなあ。忘れたけど。

里村　キリスト教での過去世です。

池上彰守護霊　ああ、そうだ。ゲッセマネじゃない。あれは「園《その》」だ。間違えた。ええと、池があったじゃないですか。あのー、目を治した有名な池があるじゃないですか。え？　何だったっけ？　おじさん、知らない？

里村　ガリラヤ湖畔《こはん》の？

池上彰守護霊　ガリラヤ湖畔は……。そんな大きくない。大きくない。大きくない。あのー、「ときどき、天使が降りてくる」という池があったでしょう？

斎藤　それは、ベトザタの池ですが……。

池上彰守護霊　ええ。「その瞬間《しゅんかん》に立ち会えたら、目が治ったり、病気が治ったりする」という池が書いてあったと思いますけど、「その池のなかに棲《す》んでいるカエルだ」という……（会場笑）。

里村　（苦笑）いや、なんか、違うと思います。

斎藤　そこまで、話を引っ張られますか。

池上彰守護霊　分かりやすいでしょう？

斎藤　それはまずいです。もう少し、分かりやすく解説していただかないと。

池上彰守護霊　分かりやすく解説したんだけどね。

　今世《こんぜ》、「伝える力」を言っているのは過去世《かこぜ》からの影響《えいきょう》

斎藤　「マルコ様と親しい」ということは、やはり、共に歩いて伝道に行かれたのでしょうか。ルカとかがいましたよね？　パウロ、ルカ、マルコ……。

池上彰守護霊　ああ、困った。もう、私、職業が終わりじゃないですか。困ったなあ。

斎藤　十二弟子の一人ではないですか！

池上彰守護霊　いやあ、困ったなあ。

里村　十二弟子の一人でいらっしゃるんですか。

池上彰守護霊　まあ、私が、しゃべるのが好きで、「伝える力」なんかを、一生懸命《いっしょうけんめい》、言っているのは、（過去世《かこぜ》で）「伝道の大切さ」を説いてたからです。はい。

斎藤　え？

池上彰守護霊　すみません。

斎藤　え？　パウロということ？

池上彰守護霊　いやあ、いやあ、いやあ。

斎藤　パウロですか。

池上彰守護霊　いやいや、いやいや。

斎藤　伝道に生きたんですよね？

池上彰守護霊　それは、ちょちょちょちょちょ。それは、ちょっと。まあまあまあまあ。

斎藤　点と点を結ぶと、パウロではないですか。

池上彰守護霊　それはビッグネームじゃないですか。

斎藤　でも、関係はあるのではないですか。

池上彰守護霊　いやいや。伝道した人は大勢いますから。

斎藤「テモテへの手紙」にあるテモテとか、そういう、パウロと仲が良かった方でしょうか。

池上彰守護霊　いやあ。いやいや、いやいや。もう、困ったなあ。

里村　アリマタヤのヨセフでは？

池上彰守護霊　いやいや、いやいや。

斎藤　でも、なんか、少しずつ近づいてきている。

池上彰守護霊　いやいや、いやいや。

斎藤　ワイパーのように、窓が拭《ふ》かれてどんどん見えてくる（会場笑）。

池上彰守護霊　いやあ、もう、ご容赦《ようしゃ》を。

里村　共観福音書《きょうかんふくいんしょ》には入っていませんが、福音書があるトマスですか。「疑いのトマス」と言われていましたよね。

池上彰守護霊　いやいや。そんな、「疑い深い」なんて言われたら困るので。ただ、確かに、マスコミの原点は疑いですねえ。確かに、マスコミの原点は疑いです。

いやあ、でも、ああいう描かれ方は、私は、あんまり好きでないので、勘弁《かんべん》してください。

斎藤　いや、これは、「好き」とか「嫌い」とかではなく、「真実かどうか」という問題です。

池上彰守護霊　もう、「カエル」で許してくれないんだったら……。

里村　いやいやいや。「使徒行伝《しとぎょうでん》」に登場する「伝道者ピリポ」も過去世《かこぜ》

斎藤　では、お名前の最初の一字だけでよいので、教えてください。

池上彰守護霊　じゃあ、死体で生き返ったやつなんかどうですか。そのあたりだったらいいでしょう。

斎藤　いやいや。

里村　ラザロは、伝道まで行っていません。

池上彰守護霊　行ってないかあ。

斎藤　「分かりやすく伝道する」というのは、「伝える」ということですよね？

池上彰守護霊　うーん。困ったなあ。

会場の男性　ヤコブ？

池上彰守護霊　まあねえ。

斎藤　違いますか。霊査《れいさ》によると、ヤコブは、日本に、一遍《いっぺん》として転生《てんしょう》していますが、ヤコブには、大ヤコブと小ヤコブがいるんです。

池上彰守護霊　いや、あのねえ、同姓同名《どうせいどうめい》とかがたくさんいるんですよ。

斎藤　確かに、「分かりやすく言う」ということでは、ヤコブかもしれません。

池上彰守護霊　違います。

斎藤　違いますか。

池上彰守護霊　はい。

斎藤　え？

池上彰守護霊　ピリポです。

斎藤　ああ！　ピリポですか。

池上彰守護霊　はい。

あー、言わされた……（会場笑）。ああ、もう終わりだ。

里村　いえいえ。全然、悪くないですよ。

斎藤　すごいですねえ。ピリポ。

池上彰守護霊　だから、まあ、あのー、「使徒行伝《しとぎょうでん》」ぐらいは、私も書きたい気持ちがあるから、今、宗教なんかが少し出てきてるわけですよ。

斎藤　なるほど。

池上彰守護霊　ああ、もう駄目。

斎藤　ピリポは、「フィリポ」とも言いますね。

池上彰守護霊　もう、選挙報道は、次で、ついに最後ですね。ピリポです。カイザリヤ（伝道者ピリポが住んでいた町）ですね。

斎藤　カイザリヤですね。

池上彰守護霊　ああ、そうです。はい。もう、選挙報道は、これで最後になりますね。

里村　いやいや。そんなことはないです。

斎藤　いやあ、当会と、ものすごく縁が深いではないですか。

池上彰守護霊　そうなんです。ものすごい深いんです。だから、幸福の科学は、宗教界のＮＨＫみたいなものなんですよ。ええ、そうなんです。

斎藤　なるほど。

池上彰守護霊　中国に負けてない〝ＮＨＫ〟なんですよ。だから、近いんです。仲間なんです。

　本当は仲間なんですけど、間違えて、ちょっと先に生まれたために、マスコミに入って……。

斎藤　では、膳場《ぜんば》キャスターとも縁があるのですね？　あの方も、キリスト教の光の天使系ですから（前掲《ぜんけい》『ニュースキャスター　膳場貴子《たかこ》のスピリチュアル政治対話』参照）。

池上彰守護霊　まあ、ありますよ。だけど、マスコミでは、それは通じないんです。

里村　ただ、最近、「マスコミには、影《かげ》だけではなく、光もある」ということが分かってきていますから……。

池上彰守護霊　（里村を指し）あの人なんて、分からないですよ。「金星のカエル」とか言って、もしかして、ペテロだったりしたら、どうするんですか（注。里村は、以前の宇宙人リーディングにより、過去、金星のイボガエル型宇宙人であったことが判明している。『宇宙人リーディング』〔幸福の科学出版刊〕参照）。

里村　いやいや。それは絶対にありません（笑）。

池上彰守護霊　ええ？

里村　違うと思います。

池上彰守護霊　何でも信じる世界では、通じますからねえ。

里村　いえいえ。とんでもないです。

斎藤　日蓮とも縁があり、伝道者ピリポで「七人の執事《しつじ》」の一人（十二弟子のピリポとは別人）でもあり、本当に「宗教そのもの」ではないですか。

池上彰守護霊　まずい。ちょっと、今日はまずかったねえ。

里村　いえいえ。全然まずくないです。大丈夫でございます。

斎藤　ものすごく幸福な時間でした。

池上彰守護霊　じゃあ、次の選挙報道で、私は最後になりますので、幸福実現党さんの当選報道ができないかもしれないのが、残念です。

斎藤　いえいえ。大丈夫です。池上さんは、今、東工大《とうこう》の教授もされているではありませんか。

「言葉」を武器として戦ってきた魂《たましい》

池上彰守護霊　まあ、でも、宗教っていうのは、そんなものなんですよ。苦しみのなかを這《は》い回りながら、苦労して、苦労して、伝道した者が、あとになると大きく評価されるんですよ。

イエスの伝道だって、あれだけやってねえ、何千人もの人が話を聴いて信じたのに、最後、死刑《しけい》になるときは、守ってくれなかった。あの残念さには、本当に悔《くや》しいものがありましたよ。

弟子は、先生が死んでから初めて奮起したんです。だから、あなたがたは、先生が死ぬより前に、いちおう奮起しただけ、偉《えら》いと思うんですよ。奮起はしたんですよ。ただ、結果をあげられるかどうかは、別な話です。

まあ、今のマスコミとか、ほかの政党とかは、ローマ兵みたいなものなので、強いんですよ。〝武器〟も持ってるんです。〝馬〟にも乗っておれば、〝槍〟も持ってるんです。盾《たて》も持ってるんですよ。それに対して、言葉一つで立ち向かうのは、そんな簡単なことではないから、そう簡単に勝てないのはしかたないんです。

この世においては、言葉だけでは、そう簡単に勝てないんです。「説教して、説得し、帰依《きえ》させる」っていうのは大変なことなので、場合によっては、ライオンに食われる時代だって経過するわけですよ。

だけど、まあ、しかたない。今、私も、言葉で仕事をしてますけれども、あなたがたも言葉で仕事をしてるでしょう？　まあ、一緒《いっしょ》なんです。私たちの武器は言葉しかないので、言葉で人を導くしか方法はないんですよ。

私は、「分かりやすく伝える」とか言ってるけど、本当は、「真理を伝える」というのがその上に入らないといけないわけね。

その真理というのは、現代的には、「正しいニュース」とか、「真実のこと」とか、そういうことになっているわけですが、今、年を取ってきたので、「もう一段、精神性の高いものが欲《ほ》しい」という気持ちを、ちょっと持ち始めてるわけです。

まあ、これで、私は、膳場さんより、さらに追い込まれる可能性があるんですけども……。

あの人は、名前を明らかにしなかったから、まだよかったんですけど、私は名前を出してしまったから、ちょっと厳しいなあ。

里村　いえいえ。今日は、最後に、本当に大切なメッセージを頂きました。

池上彰守護霊　アメリカに渡航して、ケーブルテレビで、キリスト教系のアナウンサーになれるように、これから英会話の練習を始めようかと思います。

里村　とんでもないです。これからの、ますますのご活躍を期待させていただきます……。

斎藤　ますますの繁栄《はんえい》を祈《いの》っております。

池上彰守護霊　幸福の科学がケーブルテレビでも始めましたときには、お呼びください。八十歳ぐらいのヨボヨボで出てまいりますので。

「宗教的真理を伝えられない」苦しい胸の内を吐露《とろ》

里村　ますますのご活躍を期待させていただくと同時に、池上さんから、幸福実現党の候補者の当選の報道をしていただけるよう、頑張《がんば》ってまいります。

池上彰守護霊　ああ、つらいな。すみません。

いや、本当はね、「宗教的真理を伝えられない」っていうのは、マスコミ人として、つらい気持ちでいっぱいです。「公平」と言うけど、実際は、「真実を語らない」という意味での公平なので、民主主義の悪い結果平等みたいなものになってるんですよ。「みんなを公平に扱《あつか》う」ということが、「何も扱わない」ということと、ほとんど一緒みたいでね。

例えば、「人を殺した」とか、「小学生が転んで怪我《けが》をした」とか、こんな事件はいくらでも報道してよく、一方、あなたがたが、「(本会場に)五千人を集め、三千五百カ所にも衛星中継《ちゅうけい》をかけて、御生誕祭《ごせいたんさい》をやりました」「今日は、大川隆法総裁の云《うん》十回目の御生誕を全世界の人たちが祝しています」みたいな報道はさせてもらえない。だけど、「木の棒か何かで、小学生が殴《なぐ》られた」とかいうと、そちらのほうは報道される。そういう社会なんですよ。

だから、価値判断がほとんど加わってないんです。すみませんねえ。

私も、泥のなかに棲んでる亀《かめ》みたいな存在なんです。どこかの滝《たき》で洗ってもらわないと、もう駄目なんですよ。滝行《たきぎょう》をしないと。

里村　私たちは、そういうなかで、池上さんから、きちんと当選の報道をしていただけるよう、頑張ってまいります。これからも、どうか、ご指導をお願いします。

池上彰守護霊　うん。まあ、応援できなくて、すみません。

里村　いいえ、とんでもないです。

池上彰守護霊　これで票が減るかもしれません。本当に票を減らしてしまうかもしれない……。

里村　いやいや、そんなことはございません。グッとまた当選のほうに近づきました。

池上彰守護霊　いやあ、票が減るかもしれない。これで、十万票ほど減ったかも。

里村　いやいや。増えてまいりますので、ご心配なさらないでください。

池上彰守護霊　そうですか。まあ、お力になれず、申し訳ありませんでした。

里村　いや、とんでもないです。ありがとうございました。

斎藤　本当にありがとうございます。

9　池上彰氏守護霊の霊言《れいげん》を終えて

大川隆法　いよいよ、マスコミ人から宗教人が出てき始めましたね。しゃべる仕事ですから、やはり、タレント（才能）としては関係があるのでしょう。宗教では、お経《きょう》を読み、それを覚えて、しゃべるわけですが、その「読み、覚えて、しゃべる」というのは同じであるわけです。

やはり、宗教には、「マスコミ的能力」も必要でしょう。そもそも、宗教は「マスコミの元祖《がんそ》」なのです。

里村　確かに、昔は、伝道師があちこち歩き回って布教《ふきょう》していました。

大川隆法　「情報を世界に広げる」ということが、マスコミの仕事ですからね。現代では、それを文明の利器を使って行っているわけです。まあ、マスコミの場合、中身のところの検討が十分ではありませんが。

池上さんにとって、今回の守護霊霊言《れいげん》が、吉《きち》と出るか、凶《きょう》と出るか、私には分かりませんが、まあ、「蘭さんに折伏《しゃくぶく》された」と思ってくださいね。「お待ちしております」と（笑）、最後に申し上げておきましょう。

里村・斎藤　ありがとうございました。

あとがき

さて、拙文《せつぶん》を書いている今朝、大手紙には、例の「小悪魔雑誌」（週刊新潮）が、堂々の公職選挙法違反の手法で、「参院選も全員落選だから聞きたい幸福の科学総裁大川隆法守護霊の言い分」という小見出しで記事を書いているようだ。当会のウオッチャーを買って出てくれて熱心に報道を続けて下さる姿勢には感謝するが、いつもお金の話しか書いてない。記事中の信者数は週刊新潮の発行部数のことか。これだけ心がねじけた編集方針なら、赤字が続いて、写真誌「ＦＯＣＵＳ」の二の舞になる恐怖、宗教への嫉妬心は抑《おさ》えられまい。苦しまぎれに、例の「袋トジ・〇〇ヌード」をやりたいだろうが、「幸福の科学」の批判が恐かろう。当会が大手メディアに目を向けたのも妬《や》けるんだろう。

マスコミ界にも天国的な人がいることをフェアに伝えることで、当会は、社会的良識は示しているつもりだ。「大川隆法のメディア万華鏡」がつくられつつあるところだ。

池上氏に今後ともメディア界の良心としての活躍を期待する。

二〇一三年　七月十日

幸福《こうふく》の科学《かがく》グループ創始者兼総裁《そうししゃけんそうさい》　大川隆法《おおかわりゅうほう》

『池上彰の政界万華鏡』大川隆法著作関連書籍

『素顔の大川隆法』（幸福の科学出版刊）
『ネバダ州米軍基地「エリア51」の遠隔透視』（同右）
『宇宙人リーディング』（同右）
『守護霊インタビュー 皇太子殿下に次期天皇の自覚を問う』（同右）
『公開霊言 山本七平の新・日本人論 現代日本を支配する「空気」の正体』（同右）
『バーチャル本音対決
――TV朝日・古舘伊知郎守護霊 vs. 幸福実現党党首・矢内筆勝――』（幸福実現党刊）
『田原総一朗守護霊 vs. 幸福実現党ホープ』（同右）
『筑紫哲也の大回心』（同右）
『ニュースキャスター 膳場貴子のスピリチュアル政治対話』（同右）
『本多勝一の守護霊インタビュー』（同右）

『ビートたけしが幸福実現党に挑戦状』（同右）
『日銀総裁とのスピリチュアル対話』（同右）
『大平正芳の大復活』（同右）

池上彰《いけがみあきら》の政界万華鏡《せいかいまんげきょう》 ――幸福実現党の生き筋とは――

2013年7月18日　初版第1刷

著　者　　大《おお》　川《かわ》　隆《りゅう》　法《ほう》

発行所　　幸福の科学出版株式会社

〒107-0052 東京都港区赤坂2丁目10番14号
TEL(03)5573-7700
http://www.irhpress.co.jp/

印刷・製本　株式会社 東京研文社

落丁・乱丁本はおとりかえいたします

ISBN978-4-86395-361-1 C0030
イラスト：水谷嘉孝

大川隆法 霊言シリーズ・**最新刊**

「首相公邸の幽霊」の正体

東條英機・近衛文麿・廣田弘毅、日本を叱る！

その正体は、日本を憂う先の大戦時の歴代総理だった！ 日本の行く末を案じる彼らの悲痛な声が語られる。安倍総理の守護霊インタビューも収録。

1,400円

そして誰もいなくなった

公開霊言
社民党 福島瑞穂《みずほ》党首へのレクイエム

増税、社会保障、拉致問題、従軍慰安婦、原発、国防──。守護霊インタビューで明らかになる「国家解体論者」の恐るべき真意。

1,400円

公開霊言 山本七平の新・日本人論
現代日本を支配する「空気」の正体

国防危機、歴史認識、憲法改正……。日本人は、なぜ正論よりも「空気」に支配されるのか。希代の評論家が、日本人の本質を鋭く指摘する。

1,400円

幸福の科学出版

大川隆法霊言シリーズ・マスコミの本音を直撃

ニュースキャスター 膳場貴子の スピリチュアル政治対話

守護霊インタビュー

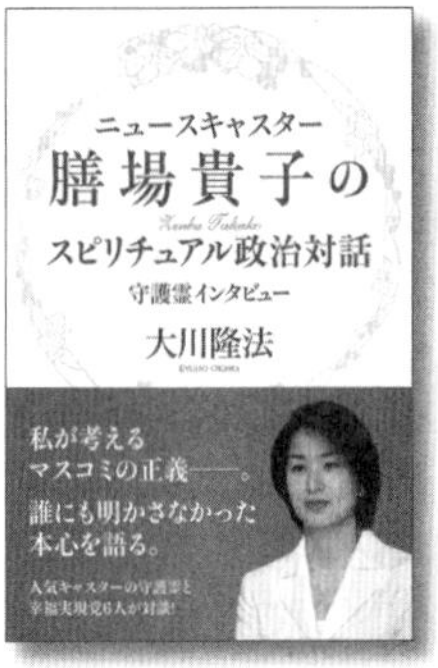

この国の未来を拓くために、何が必要なのか? 才色兼備の人気キャスター守護霊と幸福実現党メンバーが、本音で語りあう。
【幸福実現党刊】

1,400円

ビートたけしが 幸福実現党に挑戦状

おいらの「守護霊タックル」を受けてみな!

人気お笑いタレントにして世界的映画監督――。芸能界のゴッドファーザーが、ついに幸福実現党へ毒舌タックル!
【幸福実現党刊】

1,400円

筑紫哲也の大回心

天国からの緊急メッセージ

筑紫哲也氏は、死後、あの世で大回心を遂げていた!? TBSで活躍した人気キャスターが、いま、マスコミ人の良心にかけて訴える。
【幸福実現党刊】

1,400円

※表示価格は本体価格(税別)です。

大川隆法霊言シリーズ・マスコミの本音を直撃

田原総一朗守護霊 VS. 幸福実現党ホープ

バトルか、それともチャレンジか？

未来の政治家をめざす候補者たちが、マスコミ界のグランド・マスターと真剣勝負！ マスコミの「隠された本心」も明らかに。

【幸福実現党刊】

ダイジェスト DVD付

1,800円

バーチャル本音対決

TV朝日・古舘伊知郎守護霊 VS. 幸福実現党党首・矢内筆勝

なぜマスコミは「憲法改正」反対を唱えるのか。人気キャスター 古舘氏守護霊と幸福実現党党首 矢内が、目前に迫った参院選の争点を徹底討論！

【幸福実現党刊】

ダイジェスト DVD付

1,800円

本多勝一の守護霊インタビュー

朝日の「良心」か、それとも「独善」か

「南京事件」は創作！「従軍慰安婦」は演出！ 歪められた歴史認識の問題の真相に迫る。自虐史観の発端をつくった本人（守護霊）が赤裸々に告白！

【幸福実現党刊】

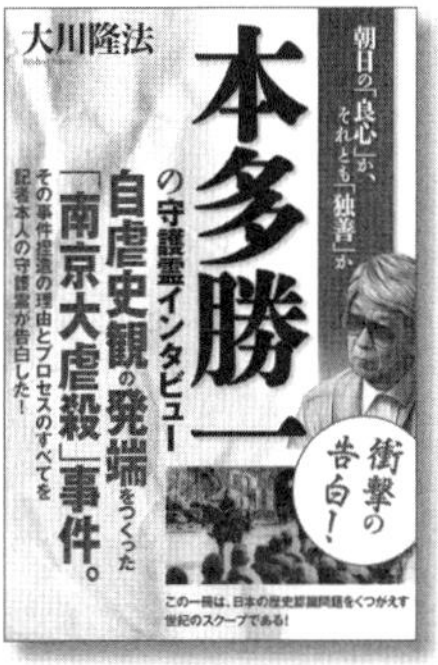

1,400円

幸福の科学出版

大川隆法 霊言シリーズ・韓国・北朝鮮の思惑を探る

安重根は韓国の英雄か、それとも悪魔か

安重根 & 朴《パク》槿《ク》恵《ネ》大統領守護霊の霊言

なぜ韓国は、中国にすり寄るのか?
従軍慰安婦の次は、安重根像の設置を打ち出す朴槿恵・韓国大統領の恐るべき真意が明らかに。

1,400円

神に誓って「従軍慰安婦」は実在したか

いまこそ、「歴史認識」というウソの連鎖を断つ! 元従軍慰安婦を名乗る2人の守護霊インタビューを刊行! 慰安婦問題に隠された驚くべき陰謀とは!?
【幸福実現党刊】

1,400円

北朝鮮の未来透視に挑戦する

エドガー・ケイシー リーディング

「第2次朝鮮戦争」勃発か!? 核保有国となった北朝鮮と、その挑発に乗った韓国が激突。地獄に堕ちた"建国の父"金日成の霊言も同時収録。

1,400円

※表示価格は本体価格(税別)です。

大川隆法霊言シリーズ・日本復活への提言

渡部昇一流・潜在意識成功法

「どうしたら英語ができるようになるのか」とともに

英語学の大家にして希代の評論家・渡部昇一氏の守護霊が語った「人生成功」と「英語上達」のポイント。「知的自己実現」の真髄がここにある。

1,600円

竹村健一・逆転の成功術

元祖『電波怪獣』の本心独走

人気をつかむ方法から、今後の国際情勢の読み方まで――。テレビ全盛時代を駆け抜けた評論家・竹村健一氏の守護霊に訊く。

1,400円

幸福実現党に申し上げる

谷沢永一の霊言

保守回帰の原動力となった幸福実現党の正論の意義を、評論家・谷沢永一氏が天上界から痛快に語る。驚愕の過去世も明らかに。　　【幸福実現党刊】

1,400円

日下公人のスピリチュアル・メッセージ

現代のフランシス・ベーコンの知恵

「知は力なり」――。保守派の評論家・日下公人氏の守護霊が、いま、日本が抱える難問を鋭く分析し、日本再生の秘訣を語る。

1,400円

※表示価格は本体価格(税別)です。

大川隆法霊言シリーズ・政治学者シリーズ

篠原一東大名誉教授「市民の政治学」その後

幸福実現党の時代は来るか

リベラル派の政治家やマスコミの学問的支柱となった東大名誉教授。その守護霊が戦後政治を総括し、さらに幸福実現党への期待を語った。
【幸福実現党刊】

1,400円

スピリチュアル政治学要論

佐藤誠三郎・元東大政治学教授の霊界指南

憲法九条改正に議論の余地はない。生前、中曽根内閣のブレーンをつとめた佐藤元東大教授が、危機的状況にある現代日本政治にメッセージ。

1,400円

憲法改正への異次元発想

憲法学者NOW・芦部信喜 元東大教授の霊言

憲法九条改正、天皇制、政教分離、そして靖国問題……。参院選最大の争点「憲法改正」について、憲法学の権威が、天上界から現在の見解を語る。
【幸福実現党刊】

1,400円

大川隆法 霊言シリーズ・正しい歴史認識を求めて

原爆投下は人類への罪か?

公開霊言 トルーマン＆F・ルーズベルトの新証言

なぜ、終戦間際に、アメリカは日本に2度も原爆を落としたのか?「憲法改正」を語る上で避けては通れない難題に「公開霊言」が挑む。
【幸福実現党刊】

1,400円

公開霊言 東條英機、「大東亜戦争の真実」を語る

戦争責任、靖国参拝、憲法改正……。他国からの不当な内政干渉にモノ言えぬ日本。正しい歴史認識を求めて、東條英機が先の大戦の真相を語る。
【幸福実現党刊】

1,400円

従軍慰安婦問題と南京大虐殺は本当か?

左翼の源流 vs. E.ケイシー・リーディング

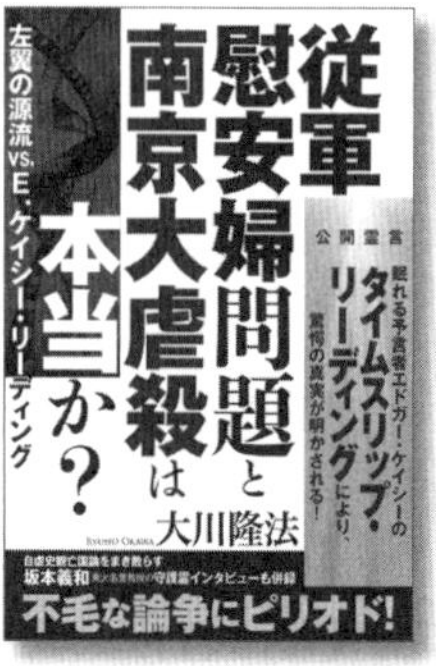

「従軍慰安婦問題」も「南京事件」も中国や韓国の捏造だった! 日本の自虐史観や反日主義の論拠が崩れる、驚愕の史実が明かされる。

1,400円

※表示価格は本体価格(税別)です。

大川隆法霊言シリーズ・時代を変革する精神

ヤン・フス ジャンヌ・ダルクの霊言

信仰と神の正義を語る

内なる信念を貫いた宗教改革者と神の声に導かれた奇跡の少女──。「神の正義」のために戦った、人類史に燦然と輝く聖人の真実に迫る!

1,500円

王陽明・自己革命への道

回天の偉業を目指して

明治維新の起爆剤となった「知行合一」の革命思想──。陽明学に隠された「神々の壮大な計画」を明かし、回天の偉業をなす精神革命を説く。

1,400円

日本陽明学の祖 中江藤樹の霊言

なぜ社会保障制度は行き詰まったのか!? なぜ学校教育は荒廃してしまったのか!? 日本が抱える問題を解決する鍵は、儒教精神のなかにある!

1,400円

大川隆法 ベストセラーズ・国難を打破する

されど光はここにある

天災と人災を超えて

被災地・東北で説かれた説法を収録。東日本大震災が日本に遺した教訓とは。悲劇を乗り越え、希望の未来を創りだす方法が綴られる。

1,600円

政治と宗教の大統合

今こそ、「新しい国づくり」を

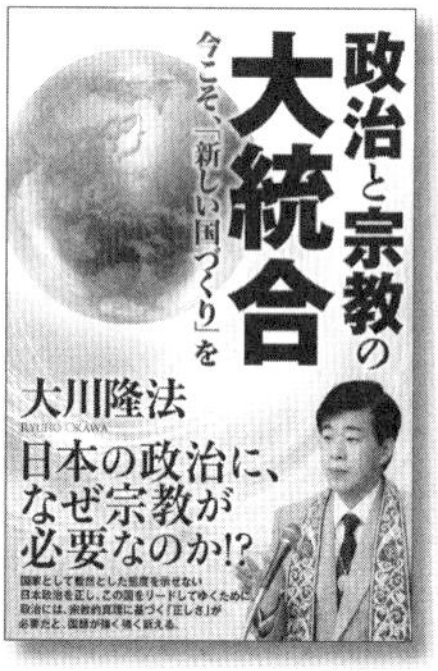

国家の危機が迫るなか、全国民に向けて、日本人の精神構造を変える「根本的な国づくり」の必要性を訴える書。

1,800円

国を守る宗教の力

この国に正論と正義を

３年前から国防と経済の危機を警告してきた国師が、迷走する日本を一喝！ 国難を打破し、日本を復活させる正論を訴える。
【幸福実現党刊】

1,500円

※表示価格は本体価格（税別）です。

大川隆法 ベストセラーズ・希望の未来を切り拓く

未来の法

新たなる地球世紀へ

暗い世相に負けるな！ 悲観的な自己像に縛られるな！ 心に眠る無限のパワーに目覚めよ！ 人類の未来を拓く鍵は、一人ひとりの心のなかにある。

2,000円

Power to the Future

未来に力を

英語説法集 日本語訳付き

予断を許さない日本の国防危機。混迷を極める世界情勢の行方——。ワールド・ティーチャーが英語で語った、この国と世界の進むべき道とは。

1,400円

日本の誇りを取り戻す

国師・大川隆法 街頭演説集 2012

2012年、国論を変えた国師の獅子吼。外交危機、エネルギー問題、経済政策……。すべての打開策を示してきた街頭演説が、ついにDVDブック化！

【幸福実現党刊】

街頭演説 DVD付

2,000円

幸福の科学出版

幸福の科学グループのご案内

宗教、教育、政治、出版などの活動を通じて、地球的ユートピアの実現を目指しています。

宗教法人　幸福の科学

一九八六年に立宗。一九九一年に宗教法人格を取得。信仰の対象は、地球系霊団の最高大霊、主エル・カンターレ。世界百カ国以上の国々に信者を持ち、全人類救済という尊い使命のもと、信者は、「愛」と「悟り」と「ユートピア建設」の教えの実践、伝道に励んでいます。

（二〇一三年七月現在）

愛

幸福の科学の「愛」とは、与える愛です。これは、仏教の慈悲《じひ》や布施《ふせ》の精神と同じことです。信者は、仏法真理をお伝えすることを通して、多くの方に幸福な人生を送っていただくための活動に励んでいます。

悟り

「悟り」とは、自らが仏の子であることを知るということです。教学《きょうがく》や精神統一によって心を磨き、智慧《ちえ》を得て悩みを解決すると共に、天使・菩薩《ぼさつ》の境地を目指し、より多くの人を救える力を身につけていきます。

ユートピア建設

私たち人間は、地上に理想世界を建設するという尊い使命を持って生まれてきています。社会の悪を押しとどめ、善を推し進めるために、信者はさまざまな活動に積極的に参加しています。

国内外の世界で貧困や災害、心の病で苦しんでいる人々に対しては、現地メンバーや支援団体と連携して、物心両面にわたり、あらゆる手段で手を差し伸べています。

年間約３万人の自殺者を減らすため、全国各地で街頭キャンペーンを展開しています。

公式サイト **www.withyou-hs.net**

ヘレン・ケラーを理想として活動する、ハンディキャップを持つ方とボランティアの会です。視聴覚障害者、肢体不自由な方々に仏法真理を学んでいただくための、さまざまなサポートをしています。

公式サイト **www.helen-hs.net**

教育

学校法人 幸福の科学学園

学校法人 幸福の科学学園は、幸福の科学の教育理念のもとにつくられた教育機関です。人間にとって最も大切な宗教教育の導入を通じて精神性を高めながら、ユートピア建設に貢献する人材輩出を目指しています。

幸福の科学学園

中学校・高等学校（那須本校）
2010年4月開校・栃木県那須郡（男女共学・全寮制）
TEL **0287-75-7777**
公式サイト **happy-science.ac.jp**

関西中学校・高等学校（関西校）
2013年4月開校・滋賀県大津市（男女共学・寮及び通学）
TEL **077-573-7774**
公式サイト **kansai.happy-science.ac.jp**

幸福の科学大学（仮称・設置認可申請予定）
2015年開学予定
TEL **03-6277-7248**（幸福の科学 大学準備室）
公式サイト **university.happy-science.jp**

仏法真理塾「サクセスNo.1」

小・中・高校生が、信仰教育を基礎にしながら、「勉強も『心の修行』」と考えて学んでいます。
TEL **03-5750-0747**（東京本校）

不登校児支援スクール「ネバー・マインド」

心の面からのアプローチを重視して、不登校の子供たちを支援しています。
また、障害児支援の「**ユー・アー・エンゼル！**」運動も行っています。
TEL **03-5750-1741**

エンゼルプランV

幼少時からの心の教育を大切にして、信仰をベースにした幼児教育を行っています。
TEL **03-5750-0757**

学校からのいじめ追放を目指し、さまざまな社会提言をしています。また、各地でのシンポジウムや学校への啓発ポスター掲示等に取り組むNPO「いじめから子供を守ろう！ネットワーク」を支援しています。

公式サイト **mamoro.org**
ブログ **mamoro.blog86.fc2.com**
相談窓口 TEL.**03-5719-2170**

政治

幸福実現党

内《ない》憂《ゆう》外《がい》患《かん》の国難に立ち向かうべく、二〇〇九年五月に幸福実現党を立党しました。創立者である大川隆法党総裁の精神的指導のもと、宗教だけでは解決できない問題に取り組み、幸福を具体化するための力になっています。

党員の機関紙
「幸福実現NEWS」

TEL 03-6441-0754
公式サイト hr-party.jp

出版
メディア
事業

幸福の科学出版

大川隆法総裁の仏法真理の書を中心に、ビジネス、自己啓発、小説など、さまざまなジャンルの書籍・雑誌を出版しています。他にも、映画事業、文学・学術発展のための振興事業、テレビ・ラジオ番組の提供など、幸福の科学文化を広げる事業を行っています。

TEL 03-5573-7700
公式サイト irhpress.co.jp

入会のご案内

あなたも、幸福の科学に集い、
ほんとうの幸福を
見つけてみませんか？

幸福の科学では、大川隆法総裁が説く仏法真理をもとに、
「どうすれば幸福になれるのか、また、
他の人を幸福にできるのか」を学び、実践しています。

入会

大川隆法総裁の教えを信じ、学ぼうとする方なら、どなたでも入会できます。入会された方には、『入会版「正心法語」』が授与されます。（入会の奉納は1,000円目安です）

ネットでも**入会**
できます。詳しくは、
下記URLへ。
**happy-science.
jp/joinus**

三帰《さんき》誓願《せいがん》

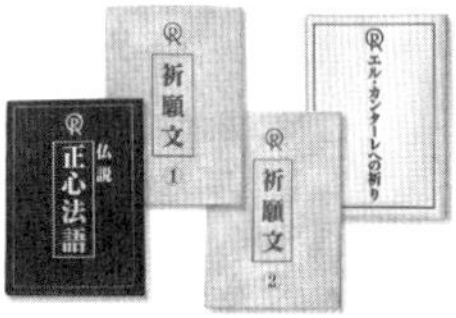

仏弟子としてさらに信仰を深めたい方は、仏・法・僧の三宝への帰依を誓う「三帰誓願式」を受けることができます。三帰誓願者には、『仏説・正心法語』『祈願文①』『祈願文②』『エル・カンターレへの祈り』が授与されます。

植福《しょくふく》の会

植福は、ユートピア建設のために、自分の富を差し出す尊い布施の行為です。布施の機会として、毎月1口1,000円からお申込みいただける、「植福の会」がございます。

「植福の会」に参加された方のうちご希望の方には、幸福の科学の小冊子（毎月1回）をお送りいたします。詳しくは、下記の電話番号までお問い合わせください。

月刊
「幸福の科学」

ザ・伝道

ヤング・ブッダ

ヘルメス・
エンゼルズ

INFORMATION
幸福の科学サービスセンター
TEL. 03-5793-1727（受付時間 火〜金：10〜20時／土・日：10〜18時）
宗教法人 幸福の科学 公式サイト **happy-science.jp**